Christine Izeki und Gerald Roemer

111 Orte im Wendland, die man gesehen haben muss

111

emons:

Bibliografische Information der Deutschen Nationalbibliothek
Die Deutsche Nationalbibliothek verzeichnet diese Publikation in der Deutschen Nationalbibliografie; detaillierte bibliografische Daten sind im Internet über http://dnb.d-nb.de abrufbar.

Layout: Eva Kraskes, nach einem Konzept
von Lübbeke | Naumann | Thoben
Kartografie: altancicek.design, www.altancicek.de
Kartenbasisinformationen aus Openstreetmap,

Druck und Bindung: Lensing Druck GmbH & Co. KG,
Feldbachacker 16, 44149 Dortmund
Printed in Germany 2018
ISBN 978-3-7408-0352-0
Originalausgabe

Vorwort

Bei einer Reise ins Wendland findet man innere Ruhe und Kraft. Man erfährt auch viel über Gelassenheit, allerdings nur, solange dort keine Atommülltransporte heranrollen. Aus der Schönheit und Weite der Landschaft, dem kulturellen Erbe und dem Widerstand von Einheimischen und Zugezogenen gegen das (ehemals) geplante Atommüllendlager ist ein großes kreatives Potenzial erwachsen. Die Menschen wirken und gestalten in traditionellen Dörfern und an Orten, die ihre Besonderheiten nicht immer ohne Weiteres preisgeben.

Das Wendland, das sind dünn besiedelte Landschaften, tiefe Wälder und Niederungsgebiete, viel Landwirtschaft – oft Bio –, hübsche Kleinstädte und Dörfer, die nicht zu Siedlungsbrei zerschmolzen sind. Stolze, alte Bauernhäuser in großer Zahl gruppieren sich oft fächerförmig um einen Dorfplatz zu »Rundlingen«. Als kulturhistorisch einzigartiges Ensemble werden diese möglicherweise demnächst Weltkulturerbe.

Durch ihre Lage fern der Metropolen und die vorübergehende Abschirmung durch die Zonengrenze während des Kalten Krieges wirkt die Region ein wenig wie aus der Zeit gefallen. Schon immer war sie verkehrsgeografisch, politisch und wirtschaftlich weniger im Fokus. So konnte die slawische Kultur der Wenden hier bis ins 18. Jahrhundert hinein bestehen, und die Moderne mit ihren Zumutungen wie Industrie und Autobahnen tritt moderater oder gar nicht in Erscheinung.

Dies alles auszukundschaften, hat uns viel Spaß gemacht. Wir waren auf zwei Beinen und auf zwei bis vier Rädern unterwegs, haben auch teils abgelegene oder seltsame Orte besucht und abenteuerliche Streifzüge durch Wälder unternommen. Aber erst durch die vielen Gespräche erfuhren wir die Geschichte(n), das Typische und die Qualitäten der Orte. Wir hoffen sehr, dass Ihnen unsere Auswahl aus dem naturschönen, kreativen, widerständigen Wendland gefällt und bei Ihnen die Lust weckt, diese oft unterschätzte Region zu erkunden.

111 Orte

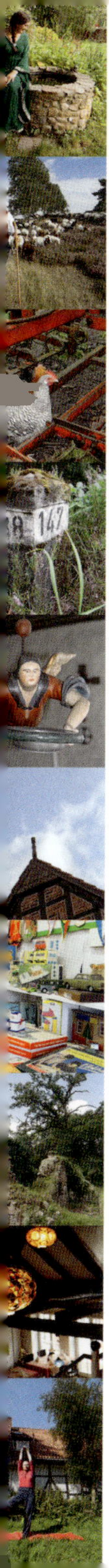

1 Das Buswartehäuschen

Vor welchem selbst ein Hundertwasser erblasst

Sollte der Himmel über dem Wendland wieder einmal trüb sein, in Beesem scheint immer die Sonne. Denn ein strahlender Sonnenaufgang ziert das Innere des kleinen Buswartehäuschens. Die Außenwände sind mit bunten Mustern und Motiven bemalt, sodass demjenigen, der hier warten muss, garantiert nicht langweilig wird. Wer zufällig an dem einzigartigen Unterstand vorbeikommt, wird von dem Anblick förmlich geflasht.

Initiatorin des öffentlichen Kunstwerks ist Mareike Scharmer. Ihr Einsatz kam nicht von ungefähr. Die Künstlerin peppte den verwitterten Unterstand auf, um einen Blickfang zu schaffen. Als erste Beesemerin, die im Jahr 2011 an der Kulturellen Landpartie teilnahm, befürchtete sie, Besucher könnten den Ortseingang schlichtweg übersehen, und verpasste ihm deshalb eine »Landmarke«.

Mareike Scharmer, die in der Gegend von Gartow aufwuchs, malt, seitdem sie denken kann. Das Kind einer Lehrerfamilie fühlte sich in ihrer Heimat oft wie ein »bunter Vogel«. Nach ihrer Ausbildung zur Zimmerin zog sie im Jahr 1988 in die Großstadt. Obwohl sie keinen Studienplatz im Fach Kunst bekam und anderes ausprobierte, fand sie schließlich dennoch in diesem Bereich ihren Traumberuf und nennt sich heute Raum- und Möbelkünstlerin. Vorzugsweise gestaltet sie Kinderecken in Bücherhallen oder Inneneinrichtungen von Cafés.

Dank der »Freaks«, die im Zuge des Widerstandes gegen den Atomstandort Gorleben in die Region kamen, konnte die Kreative, wie sie selbst sagt, wieder einen Platz in ihrer ehemaligen Heimat finden. Sie lässt ihrer Phantasie freien Lauf und fühlt sich mit einer nie versiegenden Quelle der Inspiration gesegnet. Einen Tag, an dem ihr die Ideen ausgingen, hat es bisher noch nicht gegeben. Das Buswartehäuschen präsentiert nur einen Bruchteil ihrer Schöpferkraft. Wer einmal das Haus der Künstlerin betritt, dem erscheint Hundertwasser beinahe blass.

Adresse Beesem, 29487 Luckau-Beesem | Anfahrt von der B 71 in Bergen Richtung Clenze, hinter Jiggel nach Gistenbeck, 300 Meter hinter dem Ort rechts, dem Verlauf der Straße bis Beesem folgen | Tipp Das Örtchen Beesem reiht sich, wie das Glied einer Perlenkette, in eine Reihe idyllischer Rundlingsdörfer ein, die Sie gut per Drahtesel erkunden können. Fahrräder werden an zahlreichen Standorten zum Verleih angeboten (wendland-elbe.de/de/fahrradverleihe).

2 Das Antik Café

Bergener Tortenglück im antiken Ambiente

Das »Antik Café« empfängt seine Besucher mit köstlichstem Kuchenduft. Hier wird noch handwerklich gebacken, in einer geräumigen Küche des alten Fachwerkhauses. Viele der Torten und Kuchen entstehen erst am Öffnungstag, zum Beispiel vorzügliche Stachelbeerbaiser- und Pfirsich-Maracuja-Torten, alles zu recht günstigen Preisen. Die Innenausstattung ist gediegen, wie bei Uroma, rundum wohlig. Erst wenn Kaffee und Kuchen auf dem schmucken Tisch stehen, merken Sie vielleicht, dass vieles käuflich erworben werden kann: Tische, Stühle, Lampen sowie Heimtextilien aus Leinen. Die Preise sind dezent arrangiert, sodass man sich nicht wie in einem Laden fühlt und der Kaffeehauscharakter nicht verloren geht.

Das Gebäude liegt am westlichen Beginn der Bergener Altstadt. Der Flecken wurde um 1200 erstmals erwähnt, war viele Jahrhunderte lang Grenzort, anfangs zwischen Braunschweig-Lüneburg und Brandenburg, später zwischen Hannover und Preußen. Ab dem Jahr 1973 gab es einen Grenzübergang zur DDR. Einen wirtschaftlichen Aufschwung erlebte der von der Landwirtschaft geprägte Ort im 18. Jahrhundert, als der Handel mit Leinenwaren aus dem südlichen Wendland eine Blütezeit brachte. Der alte Teil der Breiten Straße, Hauptstraße von Bergen, stammt aus der Zeit des Wiederaufbaus nach dem Stadtbrand im Jahr 1840. Die großzügigen, zweigeschossigen Wohnhäuser bilden ein einheitliches Straßenbild. Das Ensemble steht unter Denkmalschutz und zählt, zusammen mit der herausragenden spätklassizistischen Pauluskirche, zu den besterhaltenen Ortsbildern des Wendlands.

Durch Bergen fließt viel Durchgangsverkehr. Gönnen Sie sich hier ruhig eine Pause. Erika Stamm, die Besitzerin und Tortenbäckerin des Antik Cafés, hat das kleine Fachwerkhaus von 1880 im Jahr 1995 als »Ruine« erworben und etwas Tolles daraus gemacht. Hier können Sie in Ruhe sitzen und einfach genießen.

Adresse Hindenburgplatz 1, 29468 Bergen (Dumme), Tel. 05845/1280, www.antik-cafe-bergen.de | **Anfahrt** an der B 71 gelegen, an der Ortsdurchfahrt, davor plätschert ein Brunnen | **Öffnungszeiten** Di–So 14–18 Uhr | **Tipp** Die Altstadt von Bergen mit vielen Einzeldenkmalen und der nach 1840 errichteten Pauluskirche, entlang der Breiten Straße, lohnt einen Spaziergang.

3 Der Fledermauswald

Nächtliche Streifzüge

Bedrohte Tierarten haben seit jeher im Wendland ein Zuhause, darunter auch die Waldfledermäuse. Die »Karl-Kaus-Stiftung für Tier und Natur« hat in Zusammenarbeit mit dem Forstamt Göhrde im Zeitraum von 2012 bis 2014 ausgewählte Waldgebiete des Gains, der Lucie sowie der Göhrde untersucht und konnte insgesamt zwölf Arten der fliegenden Säugetiere nachweisen, unter anderem die sehr selten gewordene Mopsfledermaus, das Große Mausohr sowie den Kleinabendsegler.

Im Gain, in der Nähe von Bergen an der Dumme, traf man sowohl das Große Mausohr als auch den Kleinabendsegler an. Das Waldgebiet weist dank der naturnahen Bewirtschaftung durch das Forstamt Göhrde einen hohen Altholzbestand sowie reiche Strukturen auf. Das ist ideal für Fledermäuse, die als Quartiere und Verstecke alte Bäume, welche mit Höhlen, Rissen, ausgefaulten Astlöchern und abstehender Borke ausgestattet sind, bevorzugen. Auch von Spechten gemeißelte Höhlen bieten perfekte Schlaf- und Nistplätze. Von Fledermäusen besetzte Höhlen sind anhand von Kot- und Urinspuren am unteren Rand auch für den Laien gut erkennbar.

Kleinabendsegler und Großer Abendsegler gehören zu den wenigen Arten, die in Baumhöhlen überwintern können. Manchmal hängen bis zu 60 Tiere eng aneinandergekuschelt, damit so wenig Wärme wie möglich verloren geht. Das Jagdverhalten der Abendsegler ist ungewöhnlich, denn sie fangen Insekten hoch über den Baumkronen, während andere Fledermausarten Gebüsche und Bäume umkreisen und Insekten von den Blättern sammeln. Das Große Mausohr jagt im Gain insbesondere nach Käfern, die es vom Waldboden aufliest. Die Männchen suchen in Baumhöhlen Unterschlupf, die Weibchen finden sich in den Sommermonaten zu großen Wochenstubengesellschaften zusammen und bevorzugen dafür die großen, aufgeheizten Dachböden von Kirchen. Weitere Informationen erhalten Sie bei der Karl-Kaus-Stiftung in Lüchow.

Adresse Naturschutzgebiet Gain, 29468 Bergen an der Dumme, geographische Lage 52°55'N,10°59'O | **Anfahrt** von der B 71 in Bergen in die L 263/Neue Straße Richtung Clenze einbiegen und der Straße über Jiggel bis zum Gain folgen | **Tipp** Wenn Sie Glück haben, werden Sie im Gain Leberblümchen finden. Die Pflanze wurde im Jahr 2013 als »Blume des Jahres« ausgezeichnet und kommt nur noch sehr selten vor.

4 Die Kolonie

Leben in der Rudolphstraße

Die Rudolphstraße am Rande von Wustrow ist ein historisch und architektonisch sehenswerter Ort. Dort stehen 20 Doppelhäuser aus roten Ziegeln, die in der Zeit von 1906 bis 1908 errichtet wurden und 80 Bergarbeiterfamilien ein Zuhause boten. Es gibt zwei unterschiedliche Modelltypen, die sich nur in der Gestaltung der Außenfassaden voneinander unterscheiden und sich im Wechsel aneinanderreihen. Vor allem im Giebel ist die gestalterische Abweichung erkennbar. Während die eine Variante mit aufgesetzten Ornamenten verziert ist, wurde die andere im Fachwerkstil gehalten.

Mit der Kolonie wurden den Arbeitern im Wendland erstmalig derart architektonisch ansehnliche Wohnungen zur Verfügung gestellt. Jedoch trügt der Schein ein wenig. Denn hinter der Fassade verbargen sich einfache, beengte Arbeiterwohnungen, die alle gleich in Wohnküche, Wohnzimmer, zwei Dachkammern und Keller aufgeteilt waren. Trotz Platzmangels wurde die »gute Stube« nur zu Weihnachten genutzt. Vier Familien bewohnten ein Haus, und mehrere Generationen lebten unter einem Dach. Erst ab 1933 gab es eine Wasserleitung. Bis dahin musste das Trinkwasser vom Brunnen geholt werden, der oft versalzen war. Das Abwasser floss über offene Gossen auf den Hof, den sich alle Familien einer Einheit teilten. Neben den Ställen befanden sich die Latrinen. Die Bewohner hatten kleine Äcker und hielten Schweine, um die sich die Frauen kümmerten, während die Männer in der Kali-Mine bei Schreyahn arbeiteten.

Bis Anfang der 1980er Jahre waren die Wohnhäuser der Kolonie noch weitgehend im Originalzustand erhalten. Seitdem ist es trotz Denkmalschutz vermehrt zu privaten Umbauten gekommen, durch die der ursprüngliche Charme etwas verloren gegangen ist. Eine Dokumentation des Museums in Wustrow gibt nähere Auskunft über das Leben einzelner Bergarbeiterfamilien in der Kolonie. In einem Film werden altes Bildmaterial und Interviews gezeigt.

Adresse Rudolphstraße, 29462 Wustrow-Blütingen | Anfahrt von Norden aus über die B 248 in Richtung Lüchow, der Dannenberger Straße folgen, L 261 Drawehner Straße Richtung Clenze bis Dolgow, dort L 262 nach Wustrow, im Ort Fehlstraße, rechts Lange Straße bis Rudolphstraße | Tipp In Wustrow gibt es eine der Anlaufstellen des Flüchtlingsprojekts »Zuflucht Wendland«, nähere Informationen erhalten Sie bei Doro Kuhl (Tel. 05843/7780, dorofrank@web.de).

5_Die Pilzschule

Vom Krautrock zum Pilzrock

In jungen Jahren war Wolfgang Krantz als Gitarrist der Krautrockband »Jane« ziemlich erfolgreich. Der Gedanke daran, dass er einmal etwas anderes als Musik machen würde, kam ihm gar nicht erst in den Sinn. So ist es einem Zufall zu verdanken, dass er Pilzexperte geworden ist.

Im Alter von 28 Jahren besuchte der damals noch in Hannover lebende Vollblutmusiker seine Schwester in ihrem Ferienhaus in Braudel. Aus purer Langeweile griff er ins Bücherregal. Dabei kam ein alter Band über Pilze zum Vorschein. Das Werk löste eine nicht geahnte Faszination in ihm aus. Er besorgte sich weitere Bücher zum Thema. Seine Begeisterung ging so weit, dass er eine Prüfung zum Pilzberater absolvierte und sie auf Anhieb bestand.

Heute befindet sich in der ehemaligen Dorfschule, in der bis 1964 unterrichtet wurde, die Pilzschule. Nach Schließung der Paukstätte wurde das Gebäude als Bordell zweckentfremdet. Als die darin lebende Dame ihre Miete nicht mehr zahlen konnte, sprang Wolfgang Krantz, der mittlerweile nach Braudel gezogen war, ein. Er erwarb das Haus inklusive Schulden und zog nach dem Tod seiner Mieterin dort ein.

Zur Pilzsaison im Herbst bietet der Mykologe geführte Wanderungen im Gartower Forst sowie in der Göhrde an. Am Wochenende lädt er zu Seminaren inklusive Übernachtung in sein Haus. Im Schnelldurchgang vermittelt er all sein Wissen über die Nützlinge und führt seine Gäste durch den Wald. So lernen sie viele essbare und ungenießbare Pilze kennen. Zu den verzehrbaren, die es nicht in die Läden schaffen, gehören Sorten wie der flockenstielige Hexenröhrling, der Safranschirmling oder auch der Rotfußröhrling. Abends wird die Tagesausbeute gemeinsam zubereitet und verzehrt. Bis das Pilzragout auf den Tellern landet, gibt es eine Einlage mit der E-Gitarre. Denn trotz seiner beruflichen Umorientierung hat der frühere Krautrocker nach wie vor Musik im Blut.

Adresse Pilzschule Braudel, Braudel 4, 29459 Clenze-Braudel, Tel. 05849/971848, pilzschule-braudel.webnode.com (es empfiehlt sich, Anfragen telefonisch zu stellen) | **Anfahrt** von der B 493 in Zarenthien in die K 30 und dem Verlauf der Straße 2 Kilometer bis nach Braudel folgen | **Tipp** In der Nähe von Braudel gibt es drei Grabanlagen der jungsteinzeitlichen Trichterbecherkultur.

6 Der Kaiserbahnhof

Bildung für mündige Bürger kommt hier gut an

Einige Bahnhöfe an der Strecke Lüneburg–Dannenberg-Ost liegen abseits von Orten, manche scheinbar im Nirgendwo, wie auch der Bahnhof Göhrde. Warum ist er trotzdem so repräsentativ, mit Holzverzierungen gestaltet?

Früher hatte die im Jahr 1874 fertiggestellte Bahnstrecke eine weitaus größere Bedeutung für den Personen- und Güterverkehr als heute. Sie verlief über die Elbe hinweg nach Wittenberge und weiter nach Berlin. Der Bahnhof Göhrde hatte mehrere Gleise, Stellwerke und Güterschuppen. Die anspruchsvolle architektonische Gestaltung des »Kaiserbahnhofs« war den anreisenden kaiserlichen Jagdgesellschaften auf dem Weg in den fünf Kilometer entfernten Ort Göhrde geschuldet. Das ausgedehnte Waldgebiet Göhrde war jahrhundertelang Jagdrevier von Fürsten und Königen. Die Hofjagden fanden in einem immer aufwendigeren Rahmen statt. Zuerst gab es im Ort nur ein Jagdhaus. Anfang des 18. Jahrhunderts errichtete man mit einer weitläufigen Jagdschlossanlage den damals größten Barockbau im Lüneburger Raum. Da die Unterhaltung sich nicht erwirtschaften ließ, wurde er schon rund 120 Jahre später abgebrochen. Nach 1869 baute man den ehemaligen Marstall zum Jagdschloss Göhrde um, welches der Kaiser mit seinem Gefolge bis 1913 besuchte.

Der Bahnhof ist seit 1979 eine Bildungsstätte für Kinder und Jugendliche. Die Bildungsarbeit ist politisch, ökologisch, historisch orientiert, man lernt auch anhand praktischer Erfahrungen. Es gibt eigene Angebote, aber auch Kooperationen mit Institutionen und Initiativen. Eine Grundlage ist der Bildungsbegriff des Sozialphilosophen Oskar Negt. Dieser erklärte grundlegende Konflikte des Individuums aus strukturellen Widersprüchen in der Gesellschaft.

Die hierarchische Ordnung der Kaiserzeit ist nun schon lange überwunden, doch auch eine kritische Auseinandersetzung mit der Gegenwart wird uns auf neue Gleise führen.

Adresse Bildungsstätte Bahnhof Göhrde, Breese 11, 21369 Nahrendorf-Breese, Tel. 05855/545, www.bahnhof-goehrde.de | **Anfahrt** in Oldendorf an der Göhrde von der B 216 Richtung Pommoissel abbiegen, 3 Kilometer bis Breese am Seißelberge, der Bahnhof liegt 100 Meter nördlich der Straße | **Öffnungszeiten** Außenbesichtigung vom Bahnhofsgelände, sonst auf Anfrage | **Tipp** Im Ort Göhrde nahe des Jagdschlosses liegt das Naturum, ein Walderlebniszentrum mit Ausstellungen, Naturlehrpfad und Waldlabyrinth (www.naturum-goehrde.de).

7 Der Bio-Hof

Ein ökologisch-postindustrieller Erholungsort

Der Bio-Hof Birkenbruch ist der ideale Ort für einen Urlaub auf dem Bauernhof. Kinder sind besonders willkommen. Das traditionelle Fachwerkhaus liegt mitten im Rundling, die Gäste können im ausgebauten Dachstuhl oder im Heuhotel, direkt hinter der »Grotdör«, übernachten. Dort, wo sich früher der Kuhstall sowie die Magd- und Knechtkammer befanden, gibt es eine gemütliche Heuecke für bis zu 15 Personen.

Inhaber des Hofes ist Georg Hohenbild, ursprünglich kommt er aus dem Schwarzwald. Als er einmal nach Gartow reiste, verliebte er sich auf Anhieb in die Region. So sehr, dass er die Berge hinter sich ließ und 2009 ins Wendland zog. Der Hausherr führt Sie gern herum. Trecker, Pflug, Eggen und Heuwender stammen noch aus einer anderen Zeit und dienten bereits anderen Bauern. Handarbeit ist in diesem kleinen Betrieb die Regel, moderne Technik kommt nur beim besonders schonend arbeitenden Mähwerk zum Einsatz. Wer mag, darf gern mit anpacken und lernt auf dem Fruchtfolge-Schauacker das Prinzip der ausgeglichenen Bewirtschaftung der Ackerflächen und auch des gesamten Hoforganismus kennen: ein lebendiger, ausgeglichener Boden als Grundlage für gesunde Pflanzen, Tiere – und Menschen.

Auf dem Gehöft leben fünf Schwarzbunte Niederungsrinder, die Rasse der norddeutschen Tiefebene, die seit Jahrhunderten an die hiesigen Lebensverhältnisse angepasst ist. Sie grasen auf einer Weide hinter einem kleinen Wald und werden ganz ohne Kraftfutter großgezogen. Über den Hof flattern zwei Dutzend Deutsche Sperberhühner, denn auch Federvieh gehört zum kompletten Hoforganismus.

Im Bio-Hofladen erhalten Sie Erzeugnisse aus eigener Herstellung. Darunter die sehr beliebte Mettwurst, die aus dem Fleisch der Niederungsrinder hergestellt wird. Einmal im Jahr wird eines geschlachtet. Frisches Brot vom Bio-Bäcker gibt es samstags.

Adresse Hof Birkenbruch, Breese im Bruche 6, 29479 Jameln-Breese im Bruche, Tel. 05864/986933, www.hof-birkenbruch.de | Anfahrt über die B 248 nach Jameln, in die Straße nach Breese im Bruche abbiegen, dieser 1,5 Kilometer folgen, der Hof Birkenbruch liegt mitten im Rundling | Öffnungszeiten Hofladen: Fr 15–18 Uhr, Sa 10–13 Uhr oder nach Vereinbarung | Tipp In der Nähe des Hofes gibt es einen kleinen Badesee mit schattiger Sitzgelegenheit.

8 Die Gutskapelle

Celler Schlosskapelle im Kleinformat

Am Rande des Dorfes Breese im Bruche steht eine kleine Gutskapelle. Das Wendland ist eines der Gebiete, welche im europäischen Raum zuletzt christianisiert wurden. Aus diesem Grunde findet man Gotteshäuser fast nie innerhalb der Rundlingsdörfer. Sie wurden erst später außerhalb des Ortskerns errichtet.

Nach seiner Heirat mit Elisabeth von Holle ließ Graf Otto Grote eine Kapelle und im Jahr 1592 eine Familiengrablege im Renaissancestil erbauen. Es gab auch ein Schloss und einen Park, beide existieren jedoch nicht mehr. Bis heute ist die Kapelle in Privatbesitz der Familie Grote, einem alten Burgmannsgeschlecht aus dem Lauenburg-Lüneburgischen Raum.

Von außen wirkt das Bauwerk, das aus Ziegeln und Feldsteinen errichtet wurde, sehr schlicht. Es gibt einen Dachreiter mit Schlagglocke. Die Sakristei, in der sich einmal eine kleine Bibliothek befand, ist im Fachwerkstil gehalten.

Der Innenraum, welcher im Jahr 1977 aufwendig restauriert wurde, ist hingegen äußerst prächtig. Er entspricht einer ländlichen Version der Celler Schlosskapelle, die unmittelbar zuvor umgebaut worden war. Auch zum Schloss Hämelschenburg in Emmerthal bei Hameln, einem herausragenden Werk der Weser-Renaissance, lassen sich Parallelen erkennen.

Die familiären Verbindungen zu diesen beiden Prachtbauten haben des Grafens Baulust ganz offensichtlich angespornt. Er hinterließ der Nachwelt nicht nur eine wunderschöne Kapelle, sondern setzte auch seiner Familie ein Denkmal. Vor dem Altar befindet sich eine Grabplatte mit seinem Abbild. In die biblischen Motive wurden die Wappen seiner Ahnen hineinkomponiert. Das hölzerne Tonnengewölbe, das vollständig ausgemalt ist, springt dem Betrachter sofort ins Auge. Es sind Szenen aus dem Alten Testament dargestellt, darunter der Sündenfall, die Sintflut oder die Opferung Isaaks. Schauen Sie sich alles vor Ort an.

Adresse 29479 Jameln-Breese im Bruche | Anfahrt über die B 248 nach Jameln, in die Straße nach Breese im Bruche, dieser 2 Kilometer folgen, die Gutskapelle befindet sich am Ende des Ortes | Öffnungszeiten Besichtigung nur nach tel. Anmeldung bei Jutta Hinkelmann, Tel. 05864/1219, von April–Okt. findet einmal im Monat ein Gottesdienst statt; im Winter geschlossen | Tipp In der Nähe des Dorfplatzes finden Sie ein Ensemble der drei Grundtypen der Hallenhäuser: einen Zweiständer von 1708, mittig einen Vierständer von 1823 und einen Dreiständer aus dem Jahre 1750.

9 Die Storchenstraße

Zu Besuch bei Adebar

Die üppige Natur des Wendlands lockt zahlreiche Störche an, um dort Quartier zu beziehen. Während der Brut- und Aufzuchtzeit bietet der Naturschutzbund (NABU) regelmäßig Fahrradtouren an, welche die Teilnehmer auf einem Teil der Deutschen Storchenstraße von Nest zu Nest führen.

Bei einem dieser Ausflüge im Sommer 2017 erschienen trotz Nieselregens und niedriger Temperaturen zahlreiche Teilnehmer. Touristen sowie Ortsansässige aller Altersgruppen begaben sich gemeinsam auf den Weg, um Adebars Zuhause aufzuspüren.

Die Geduld der Mitfahrenden wurde auf eine harte Probe gestellt, denn die Horste der beiden ersten Dörfer waren bereits verwaist. Viele der Jungvögel hatten es in diesem Jahr aufgrund von Unterkühlung gar nicht erst geschafft, flügge zu werden. Schilder in der Nähe der Nester geben Auskunft darüber, wie viele Jungtiere dort in den letzten Jahren geschlüpft sind. Im Ort Nienwedel folgte endlich die Belohnung für das lange Warten. Gleich drei Horste mit insgesamt sechs Jungstörchen! Auch an weiteren Zielen der Route traf man den Langschnäbler samt Familiennachwuchs an, sodass sich die Stimmung in der Gruppe allmählich erhellte, und auch der Himmel klarte zusehends auf.

Im Anschluss an die Erkundungstour gibt es auf dem Storchenhof Wiegrefe in Breese in der Marsch eine Stärkung in Form von Kaffee und Torte. Beim Geklapper der hauseigenen Störche kann man in geselliger Runde die Eindrücke der etwa zweieinhalbstündigen Tour Revue passieren lassen und hat Gelegenheit, sich mit den anderen Teilnehmern auszutauschen. Antworten auf noch offene Fragen gibt die Storchenbeauftragte Antje Fäseke, die dieses Amt im Jahr 2017 übernahm. Sie hält allerlei Anschauungsmaterial, wie Ringe und Federn, bereit.

Die Storchentour führt die Teilnehmer durch verträumte, malerische Dörfer, abseits der viel befahrenen Hauptstraßen.

Adresse westlicher Ortseingang von Breese in der Marsch, 29451 Dannenberg, Anmeldung: Tel. 05861/979171, E-Mail: schuhmacher@nabu-hamburg.de | **Anfahrt** von der B 191 östlich von Dannenberg in den Breeser Weg einbiegen, nach 400 Metern links, nach 300 Metern rechts | **Tipp** So wie in vielen anderen Dörfern auch, hat es auch in Breese in der Marsch Brände gegeben, den verheerendsten im Jahr 1834. Das einzige Haus, das alle Feuerkatastrophen überstanden hat, ist das heutige Haus Nummer 53, erbaut im Jahr 1723.

10 Die Heimat des Mathematikers

Ohne Riemann keine Relativitätstheorie

Ein gewaltiger Findling steht im weitläufigen Dorfkern von Breselenz neben der Backsteinkirche. Der Gedenkstein wurde anlässlich des 150. Geburtstags des großen Sohnes des Ortes, des Mathematikers und Professors Bernhard Riemann, aufgestellt. Er wurde hier am 17. September 1826 als zweites von insgesamt sechs Kindern des Pastors geboren. Sein mathematisches Talent zeigte sich schon früh, als Schüler verstimmte er seinen Mathematiklehrer, indem er ihn fachlich berichtigte. Riemann studierte ab 1846 an der Universität Göttingen, zwischenzeitlich auch in Berlin, wurde in Göttingen 1857 Professor. Im Jahr 1854 entwickelte er in seinem Habilitationsvortrag die Grundideen der Riemannschen Geometrie. Diese Darlegung fand Jahrzehnte später ihre wichtigste physikalische Anwendung als Grundlage der Allgemeinen Relativitätstheorie Einsteins. Den Vortrag hielt Riemann in Gegenwart des tief beeindruckten Göttinger Professors Carl Friedrich Gauß – dem »Fürsten der Mathematik«. Ihm folgte er später auf dem Lehrstuhl.

Trotz seines frühen Todes wurde Riemann zu einem der herausragendsten Mathematiker. Sein Gesamtwerk entstand in nur anderthalb Jahrzehnten. Es umfasst neben mathematischen Theorien auch Arbeiten zur theoretischen Physik und zur Elektrizität und zeugt von bewundernswertem Ideenreichtum. Bis heute ist es von großer Bedeutung für die Naturwissenschaften, viele Theorien oder mathematische Strukturen tragen seinen Namen und wurden Allgemeingut der Mathematik. Ohne Kenntnis des Riemannschen Integrals kann heutzutage niemand Abitur machen. Wegen fortschreitender Tuberkulose hielt sich Riemann gern in Italien auf, befreundete sich mit italienischen Kollegen. Seine Tochter wurde dort geboren. Riemann verstarb in Italien im Alter von 39 Jahren, am 20. Juli 1866, und wurde in Biganzolo begraben. Sein Geburtshaus in Breselenz ist einem Neubau gewichen.

Adresse Dorfstraße 6a, 29479 Jameln-Breselenz | **Anfahrt** von der B 248 in Jameln nach Breselenz abbiegen, der Gedenkstein befindet sich in der Ortsmitte vor der Kirche | **Tipp** Im Dorfkern des Anfang des 14. Jahrhunderts erstmals urkundlich erwähnten Ortes sind einige giebelständige Häuser der ehemaligen Rundlingsstruktur erhalten. Sehenswert ist die 1859 erbaute St.-Martins-Kirche, ein neugotischer Saalbau mit spätgotischem Schnitzaltar.

11 Die Wandervögel-Siedlung

Vorfahren der Hippies

Nicht erst seit der Widerstandsbewegung hat das Wendland eine magische Anziehungskraft auf Aussteiger. Die ersten kamen bereits vor 100 Jahren. Es waren junge Städter, die sich der Wandervogelbewegung anschlossen, um sich von gesellschaftlichen Zwängen zu befreien.

Lehrerin Emmi Ziegler war die Erste. Im Jahr 1916 wurde sie in die Region um den Höhbeck entsandt, um an einer Dorfschule zu unterrichten. Die Umgebung gefiel ihr so gut, dass sie sich vorstellen konnte, dort zusammen mit anderen Wandervögeln ihren Traum von Freiheit zu verwirklichen. Die Pädagogin überzeugte drei Paare, ihr zu folgen.

Im Jahr 1919 war es endlich so weit. Jedes Paar erwarb seine »eigene Scholle«, um darauf, am Hang des Höhbecks, Haus und Garten zu errichten. Unterstützung erhielten sie von reisenden Wandervögeln, die ihnen gegen Kost und Logis beim Bau halfen. Da Emmi Ziegler und ihr Mann sich keinen Neubau leisten konnten, erwarben sie ein Haus aus dem Dorf und trugen es ab, um es auf ihrem Grundstück wieder aufzubauen. Seitdem steht es auf dem Hochplateau des Höhbecks. Bis heute befindet sich darin das Ausflugslokal »Schwedenschanze«. Noch von der ersten Siedlerin gegründet, wird es mittlerweile von ihrer Enkelin Helga Griese geleitet.

Die Neubauern hatten sich ausgemalt, von dem im Garten angepflanzten Obst und Gemüse leben zu können. Der Plan ging jedoch nicht auf,denn der Boden der Grundstücke, die ihnen der Bauer überließ, war wenig ertragreich. So kehrten die Frauen nach der Kinderzeit in den Lehrberuf zurück. Die Männer mussten sich mit Gelegenheitsarbeiten durchschlagen, man führte ein genügsames Leben. Wegen ihres unkonventionellen Lebensstils wurden Siedler von der ländlichen Bevölkerung kritisch beäugt. Der Start war alles andere als einfach. Bei einer geführten Wanderung wird man durch die lebhaften Erzählungen von Helga Griese in diese spannende Zeit zurückversetzt.

Adresse Schwedenschanze 1, 29478 Höhbeck-Brünkendorf, Tel. 05846/365, www.kaffeegartenschwedenschanze.de (für Termine der Wanderungen) | Anfahrt von Osten kommend der B 195 und der L 13 bis zur Fähre Lenzen folgen, nach Pevestorf übersetzen und auf die Fährstraße fahren, in der Linkskurve kleiner Parkplatz rechts, ab hier Wanderweg zur Schwedenschanze, wo die Tour beginnt | Öffnungszeiten täglich ab 12 Uhr (kann gelegentlich abweichen, vorab telefonisch erkundigen) | Tipp In dem Restaurant Schwedenschanze kann man lecker essen, auch vegan und vegetarisch. Spezialitäten sind selbst gefertigte Pralinen und Schokoladen.

12 Der Theatersaal

A bisserl Bairisches in Bussau

In »Die kleine Kneipe Bussau 2« kam vor einigen Jahren ein Bayer, (frei nach Ludwig Thoma) »der Aloisius Adamovicz, aus dem Himmel hierher ins Wendland, um im Auftrag der bayerischen Landesregierung für Lebenskultur zu sorgen«. So redet er schon mal, der Gastwirt Adamovicz. Gern unterhält er seine Gäste, Freunde, vorzüglich mit allerlei kleinen Geschichten. Seither werden ein paarmal pro Jahr wieder große Erzählungen und Theaterstücke im Saal im ersten Geschoss des 1920 gebauten, repräsentativen Gebäudes aufgeführt. Zum Beispiel von der Freien Bühne Wendland.

Die beste Zeit des Theatersaals endete mit der Aufführung von »Der verkaufte Großvater«. Wunderbare Feste wurden hier einst gefeiert und ausgiebig getanzt. Man veranstaltete sogar eine Zirkusaufführung, die Tiere gelangten über eine Rampe nach oben hinein in den Saal. Nach 1965 diente der dann nur noch als Rumpelkammer, wodurch annähernd der Originalzustand erhalten blieb. Auch ein Bühnenbild ist noch zu bewundern. Solche Säle gab es früher in vielen Dorfgasthöfen im Wendland. Sie waren Mittelpunkte des gesellschaftlichen und kulturellen Lebens, bis das Fernsehen die Menschen in ihre Wohnzimmer bannte.

Der Wirt der Kleinen Kneipe pflegt »a bisserl« diese frühere Tradition, und er schenkt ein, auf bayerische Art. Die Schankstube im Erdgeschoss ist an drei Tagen der Woche geöffnet, dann läuft sie so gut wie in alten Zeiten. Mit den Holzdielen und Vertäfelungen, der rustikalen Balkendecke, den dunklen Möbeln, einem wuchtigen Tresen und schummrigen Licht hat sich urige Dorfgaststättengemütlichkeit erhalten. Original bayerisches Bier aus der Klosterbrauerei Ettal ist im Ausschank, dazu gibt es bayerische Brotzeit mit Biowürsten, auch Weißwurst.

Im Sommer ist ein echter bayerischer Biergarten gegenüber geöffnet, »da kannst du deine eigenen Stullen mitbringen und a Maß Radler bestellen«. Ist das nicht wie im Himmel?

Adresse Bussau 2, 29459 Clenze-Bussau, Tel. 05844/9768410, www.diekleinekneipe-bussau2.de | **Anfahrt** von der B 493 auf die K 18 Richtung Clenze abbiegen, nach 3,5 Kilometern links nach Bussau, bis zur Ortsmitte | **Öffnungszeiten** Di und Fr 17–22 Uhr, So 12–18 Uhr | **Tipp** Um die Ecke liegt der Rundling Bussau, einer der schönsten im Wendland, mit sieben stattlichen Hallenhäusern des 18. und 19. Jahrhunderts.

13 Die unentdeckten Pfade

Gute Aussichten in der Clenzer Schweiz

Durch die abwechslungsreiche Tal- und Berglandschaft der Clenzer Schweiz schlängelt sich ein 20 Kilometer langer Wanderweg. Er führt durch einen Teil des Drawehn, eine eiszeitlich geprägte Endmoränenlandschaft, gelegen zwischen Schnega und Neu Darchau. Der Rundweg durchquert Clenze und die Dörfer Bösen, Reddereitz und Seelwig. Er ist gut beschildert und mit weißen Dreiecken gekennzeichnet.

Ausgangspunkt ist die Lange Straße des Fleckens Clenze. Ein Flecken ist halb Dorf, halb Stadt, mit einigen städtischen Rechten. Fachwerkhäuser aus dem 18. und 19. Jahrhundert gruppieren sich um die Kirche von Clenze. Im Laufe der Wanderung fällt der Blick immer wieder auf das neugotische Gotteshaus. Es erhebt sich auf einem Hügel, auf dem im 8. Jahrhundert eine slawische Burg stand. Der Ort entwickelte sich zu einem Ackerbürger- und Handwerkerstädtchen.

Westlich von Clenze passiert der Weg ein weites Tal und den ehemaligen Rundling Bösen, führt durch den Wald den Hang hinauf zur leider geschlossenen Starreler Blockhütte. Von hier lohnt sich ein Abstecher zum wunderschön gelegenen Starrel. Nur 13 Menschen leben in diesem im 13. Jahrhundert erstmals erwähnten Dörflein, umgeben von bewegter Landschaft. Danach gelangt man zum 114 Meter hohen Güneitzberg. Nach einem weiteren kurzen Abstecher schweift der Blick von einem Aussichtspunkt über die soeben durchwanderte Ebene.

Der Weg verläuft in Windungen hinunter und durch das Tal. Es folgt ein recht steiler Anstieg zu den Höhen des Drawehn und zum Findlingspark bei Reddereitz (siehe Kapitel 82). Einen Kilometer weiter im Dorf besteht eine Einkehrmöglichkeit im Heidehof. Reddereitz verlassend, wandert man auf zerfurchten Waldwegen, auf denen manchmal Pferde mit Reitern im Galopp unterwegs sind. Einer eindrucksvollen Baumallee mit beschattetem Blick über die Felder folgend, gelangen Sie nach Seelwig, und Corvin rechts liegen lassend entlang der Kreisstraße zurück nach Clenze.

Adresse Startpunkt ist der Bioladen »Querbeet«, Lange Straße 5, 29459 Clenze, hier erhält man Informationsmaterial | **Anfahrt** von der B 71 in Spithal nach Clenze abbiegen, weiter bis zu der in der Ortsmitte gelegenen Langen Straße | **Tipp** Eine über Lefitz verlaufende Abkürzung ist 13 Kilometer lang, gekennzeichnet mit einem rot unterlegten weißen Dreieck. Sie führt an Mützen vorbei, wo ein Abstecher zum Regenbogenhof lohnt, für ein gutes Stück Kuchen mit Kaffee (www.regenbogen-hof.de).

14__Der Skulpturengarten

Kunst im Einklang mit der Natur

Dieser Ort liegt versteckt auf einem Grundstück vor dem Elbdeich. Im Garten sowie in der Scheune hat das Künstlerehepaar Monika und Klaus Müller-Klug eine bemerkenswerte Kunstsammlung zusammengetragen.

Der Skulpturengarten Damnatz kann, soweit es die Witterungsbedingungen erlauben, ganzjährig nach telefonischer Anmeldung besucht werden. Die Künstler nehmen sich Zeit für ihre Besucher und stehen gern für Gespräche sowie zur Beantwortung von Fragen zur Verfügung.

Im Jahr 1994 wurde der fast 10.000 Quadratmeter große Skulpturengarten mit der Unterstützung der Stiftung für Bildhauerei angelegt. Früher befand sich an gleicher Stelle ein Pfarrgarten. Heute gibt es dort 30 Großskulpturen und auch kleinere Objekte zu entdecken. Außer den Skulpturen der Müller-Klugs sind auch Arbeiten von Kollegen zu sehen, mit denen sie bei Symposien oder Ausstellungen zusammengearbeitet haben; es sind: Otto Almstadt, Wolfgang Bier, Gerson Fehrenbach, Peter Herbrich, Janez Lenassi, Hannes Meinhard, Waldemar Nottbohm, Erich Reischke, Robert Schmitt-Matt, Georg Seibert, Franziska Seifert und Hartmut Stielow.

Machtvolle Formen aus Stein, Holz oder Stahl bilden eine Symbiose mit der Natur. Viele der zeitgenössischen Werke wurden eigens für diesen Ort geschaffen. Für bereits fertiggestellte Skulpturen sind durch Bepflanzungen und Bodenbewegungen passende Plätze geschaffen worden. Besonders gut lässt sich dieses Konzept am Werk »Welle über Land« aus dem Jahre 2001 von Monika Müller-Klug erkennen. Die wogenförmige Skulptur aus Barap-Granit schmiegt sich harmonisch an den Verlauf des Teichufers. An den äußeren Rand des Werkes schließt nahtlos eine Hecke an, in der die wellenförmige Struktur des Steines wieder auftaucht. Gerade dieser Einklang zwischen Kunst und Natur ist es, der den Reiz des Ortes ausmacht und den Betrachter in seinen Bann zieht.

Adresse Am Elbdeich 19, 29472 Dannenberg-Damnatz, Tel. 05865/582, www.skulpturengartendamnatz.de | **Anfahrt** von der B 191 bei Seybruch in die K 14 einbiegen, dem Verlauf der Straße folgen, links auf die Straße Am Elbdeich abbiegen, Parkplatz bei der Kirche | **Öffnungszeiten** alle zwei Jahre zur KLP, zu Konzerten und Lesungen sowie nach Vereinbarung | **Tipp** Vor der Ortseinfahrt nach Damnatz befindet sich auf der linken Seite ein Friedhof. Dort ruht der Schriftsteller Nicolas Born. Sein Grab ziert eine Skulptur von Klaus Müller-Klug (siehe Kapitel 24).

15 Das Ambiente

Dekorative Wohnaccessoires und Tortenträume

Im Zentrum Dannenbergs gibt es einen Ort, der ein Geschäft für dekorative Wohnaccessoires und ein kleines Café in sich vereint, das Ambiente. Der Ladenbereich lädt zum Stöbern ein. Sie finden dort Kleinmöbel im Landhausstil, edle Gläser sowie Lampen und Kronleuchter mit Bleikristallbehang, aber auch ausgefallene Bilderrahmen und vieles mehr. Die Warenpräsentation gibt Anregungen für die Gestaltung der eigenen vier Wände.

Die Inhaberin Renate Schulze hat das Ambiente im Jahr 2002 gegründet. Sie freut sich über eine stetig steigende Zahl von Stammkunden, vor allem aus größeren Städten. Diese genießen die Atmosphäre des Ortes und die Beratung, welche im Zeitalter des Onlineshoppings immer mehr verloren geht.

Im hinteren Bereich des Ladens lädt das im Landhausstil eingerichtete Café zu einer ausgiebigen Kaffeepause ein. Denn es ruft unweigerlich Erinnerungen an eine Zeit hervor, als man das Heißgetränk noch nicht aus To-go-Bechern trank, sondern die kleine Auszeit vom Alltag noch ganz in Ruhe, in angenehmer Atmosphäre genoss. Zum aromatisch duftenden Bohnenkaffee in verschiedenen Variationen oder Tee passt ein Stück der unwiderstehlichen Torten, welche täglich frisch von den Landfrauen gebacken werden. Von den fünf bis sechs Sorten, die zur Auswahl stehen, zählen die Mohn-Marzipan- sowie die Pflaumen-Rum-Torte mit Zimt zu den beliebtesten.

Wenn das Wetter mitspielt, versprüht die mit Pflanzenkübeln und Skulpturen dekorierte Außenterrasse ein südliches Flair. Vor hier hat man einen Panoramablick auf die Altstadt, und die Jeetzel fließt direkt am Kaffeegarten entlang. Sie haben Blick auf alte Weiden und den Waldemarturm. Die entspannende Stimmung wird vom Plätschern des Gartenbrunnens untermalt. Hier lässt man es sich gern für eine Weile gut gehen. Sowohl Café als auch Außenbereich sind barrierefrei und somit auch für Rollstuhlfahrer problemlos zu erreichen.

Adresse Marschtorstraße 50, 29451 Dannenberg, Tel. Café: 05861/806891, Laden: 05861/806856, www.ambiente-dan.de | Anfahrt von der B 191 in die B 216/Lüneburger Straße Richtung Stadtmitte einbiegen, nach 300 Metern rechts in die Jeetzelallee, nach 800 Metern rechts in die Straße Werder und rechts in die Marschtorstraße | Öffnungszeiten Mo–Sa 9–18 Uhr, So und feiertags 14–18 Uhr | Tipp Das Ambiente befindet sich im Zentrum von Dannenberg. Da bietet sich ein Spaziergang durch die Altstadt an.

16 Die Gedenkstelen

Das Unfassbare in Stein und Worte gefasst

Ein neuartiges Mahnmal für Opfer des Dritten Reiches findet der Besucher in unmittelbarer Nähe des Stadtarchivs in Dannenberg. Fünf Stelen aus Granitstein wurden in einer Reihe aufgestellt. Jeder Stein beleuchtet exemplarisch Verbrechen des NS-Regimes.

Dieser Ort unterscheidet sich von anderen Gedenkstätten, denn es wird neben den Schicksalen jüdischer Familien, die in Vernichtungslagern ermordet wurden, auch Behinderten sowie Menschen mit psychischen Auffälligkeiten gedacht. Diese wurden oft ihren Familien entrissen und sind in sogenannten »Heilanstalten« durch Mangel an Pflege und Nahrung oder durch Euthanasie umgekommen. Auch Personen, denen durch Zwangssterilisation Leid und Schaden zugefügt wurden, sowie Zwangsarbeiter und Kriegsgefangene, die gegen ihren Willen unter unwürdigen Bedingungen in Dannenberg lebten und arbeiteten, finden Erwähnung.

Bewusst wird nicht nur Todesopfern, sondern auch Fällen perfider Schikanen, die den Verlust von Heimat, Arbeitsplatz, Gesundheit oder die Trennung von Familien und Freunden zur Folge hatten, gedacht.

Realisiert wurden die Gedenkstelen dank der Initiative der Historikerin Elke Meyer-Hoos, die gemeinsam mit ihrem Mann, Dr. Rolf Meyer, das Museum Wustrow leitet. Seit Langem ist es ein Anliegen des Ehepaares, die hiesigen Opfer des Dritten Reiches aus ihrer Anonymität zu holen. In Ausstellungen, Büchern und Vorträgen haben sie sich mit diesem Thema befasst. Auch die Verlegung der ersten Stolpersteine in Lüchow und Dannenberg im Jahr 2015 ist mit ihr Verdienst.

Als die Stadt Dannenberg im Jahr 2011 die Gedenkstelen einweihte, resümierte Elke Meyer-Hoos, dass die Erinnerung einerseits immer schwerer falle, weil es nur noch wenige Zeitzeugen gebe, andererseits die zeitliche Distanz auch eine Chance böte, ohne Schuldgefühle mit diesem sensiblen Stoff umzugehen.

Adresse Rosmarienstraße, 29451 Dannenberg | **Anfahrt** von der B 191 in die B 216/ Lüneburger Straße Richtung Stadtmitte einbiegen, nach 300 Metern rechts in die Jeetzelallee, nach 500 Metern rechts in die Fischerstraße und gleich darauf wieder nach links, dem Verlauf der Rosmarienstraße folgen | **Tipp** Nur 200 Meter von den Stelen entfernt, finden Sie in der Marschtorstraße 4 die Stolpersteine, welche dort zum Gedenken an eine deportierte jüdische Familie verlegt wurden.

17 Das Haus der edlen Stoffe

Skandinavischer Schick erobert die Welt

Wenn es um die Innenausstattung europäischer Königshäuser, internationaler Hotelketten oder auch von Filmsets in Hollywood geht, wird oft auf Heimtextilien der Firma Nya Nordiska zurückgegriffen.

Heinz Röntgen gründete die Firma im Jahr 1964 in Düsseldorf. Da er bis dahin für ein schwedisches Textilunternehmen tätig war, blieb er dem skandinavischen Design treu. Zehn Jahre nach Firmengründung wurde der Sitz ins Wendland verlegt. Der Kreative suchte in der schönen Natur nach Inspiration. Die Muster, die sich vordergründig durch nordischen Purismus und Klarheit auszeichnen, werden bis heute in Dannenberg entworfen und die Stoffe von westeuropäischen Partnerfirmen gefertigt. Kontinuierlich wuchs der Betrieb auf einen Mitarbeiterstamm von 120 Personen und beliefert heute Kunden in 60 Ländern. Um mit der Expansion Schritt zu halten, wurden die Räumlichkeiten nach und nach erweitert. Das alte Fachwerkhaus, in dem die Erfolgsstory begann, liegt eingebettet in einen modernen Gebäudekomplex. Der skandinavisch wirkende Neubau besticht architektonisch durch seine scharfen Konturen sowie durch die auffällige rote, geriffelte Aluminiumfassade. Obwohl der alte und der neue Baustil unterschiedlicher kaum sein könnten, ist es dem Berliner Architekten Volker Staab gelungen, sie auf harmonische Weise miteinander in Einklang zu bringen.

Nachdem der Firmengründer im Jahr 2003 verstarb, übernahm erst seine Frau Diete die Leitung und gab sie später an ihren Sohn Remo Röntgen ab. Der neue Chef ist im Widerstand gegen das Atommülllager Gorleben aktiv. Immer, wenn die Castoren nach Gorleben rollten, wurde bei Nya Nordiska die Flagge des Widerstandes gehisst. Eine Geste, die auf sehr viel Sympathie in der Bevölkerung stieß.

Der Kunde hat die Möglichkeit, die Stoffe des Labels im Magazinverkauf zu erwerben. Dort werden Outletartikel zum Sonderpreis angeboten.

Adresse Nya Nordiska Textiles GmbH, An den Ratswiesen 4, 29451 Dannenberg, Tel. 05861/8090, www.nya.com | **Anfahrt** von der B 191 in die B 216 / Lüneburger Straße Richtung Stadtmitte einbiegen, nach 300 Metern rechts in die Jeetzelallee, nach 900 Metern rechts An den Ratswiesen | **Öffnungszeiten** Do und Fr 9–16.30 Uhr | **Tipp** Auf dem Marktplatz befindet sich die »Botega di Lina«. Bei gutem Wetter kann man italienische Speisen im Freien genießen. Die Stimmung ist immer gut, besonders donnerstags mittags, wenn Livemusik gespielt wird.

18 Die Heldin und der Engel

Eine Frau, die Napoleon Paroli bot

Der einstige Sankt-Annen-Friedhof ist heute ein unter Denkmalschutz stehender Park. Zwei Persönlichkeiten, die für den Befreiungskrieg (1813–1815) ihr Leben ließen, wird dort gedacht. Ein Gedenkstein erinnert an den Sänger und Dichter Theodor Körner, der 1813 bei Lützow fiel. Die Grabstätte der Eleonore Prochaska, die oft mit Jeanne d'Arc verglichen wird, befindet sich ebenfalls an diesem Ort.

Im Jahr 1785 in Potsdam geboren, wuchs sie als Tochter eines Unteroffiziers auf. Der Vater berichtete zu Hause von den Volksaufständen gegen Napoleon in Spanien und Tirol. Durch seine Erzählungen wurde Eleonores Kampfgeist geweckt. So kam es, dass die zarte, groß gewachsene Frau sich dem französischen Eroberer ebenfalls widersetzen wollte und unter dem Namen August Renz in die Armee einschrieb. Als Mann verkleidet, diente sie als Infanterist im preußischen Heer.

Bei der Göhrde-Schlacht wurde Eleonore schwer verwundet. Ein Feldscher, der sich um die Versorgung ihrer Wunden kümmerte, entdeckte ihr wahres Geschlecht und ließ sie in ein Bürgerhaus nach Dannenberg bringen, wo sie drei Wochen später am 5. Oktober 1813 ihren Verletzungen erlag.

Schaut man vom Park aus zu dem Wohnhaus, welches sich direkt neben dem Eingang befindet, sieht man auf dem Giebelreiter einen schlafenden Engel sitzen. Es mag der Eindruck entstehen, dass dieser über die Freiheitskämpferin wache. Eine andere Vermutung ist, dass es sich bei dem Gebäude um ein ehemaliges Siechenhaus handelt. Anlass zu dieser Annahme gaben Aufzeichnungen des im Jahr 1998 verstorbenen Archäologen Dr. Berndt Wachter. Da seine Standortbeschreibung jedoch nur vage war, gibt es keinen Beweis dafür, ob er tatsächlich dieses Objekt meinte. Zumindest die Bewandtnis des Engels konnte durch Nachfrage beim Hauseigentümer geklärt werden. Er sitzt erst seit einigen Jahren an seinem Platz, um als Schutzengel zu dienen.

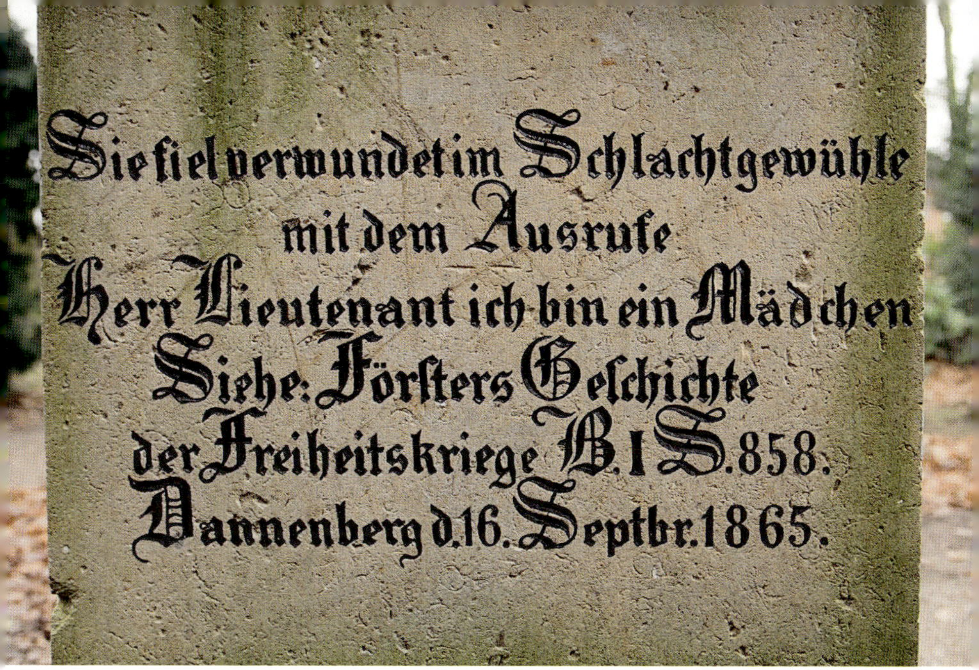

Adresse Sankt-Annen-Park, Prochaska-Platz, 29451 Dannenberg | **Anfahrt** nach Dannenberg über die B 216, der Park liegt direkt an der Kreuzung Jeetzelallee / Prochaska-Platz | **Tipp** Weitere Informationen über Eleonore Prochaska finden Sie im »Museum im Waldemar-Turm« sowie eine Gedenktafel an ihrem Sterbehaus in der Lange Straße 31. In Dannenberg gibt es einen sogenannten »frauenORT« (Informationen über diese Initiative: www.frauenorte-niedersachsen.de).

19 Das Hinterhausatelier

Vom Wendland in die Welt – und zurück

Im Hinterhaus ihres ehemaligen Elternhauses hat sich Katrin Magens, Holzschneiderin, Zeichnerin und Installationskünstlerin, ihr kongeniales Refugium geschaffen: ein helles, geräumiges Atelier, das auch als Galerie dient – zur Kulturellen Landpartie (KLP) und zu anderen Anlässen. An den Wänden des schmalen Treppenhauses, in der sich öffnenden Werkstatt, im Trockengitter, auf der Druckerpresse: überall großformatige, eindringliche Holzdrucke, ein zimmerhohes Tableau mit roten Zeichen, geheimnisvolle Objekte auf den Ablagen und der Empore.

Die Künstlerin verließ früh das Wendland, um in Hannover zu studieren und in Schleswig-Holstein ihr erstes Atelier aufzubauen. Zahlreiche Ausstellungen im In- und Ausland, Engagements in Künstlervereinigungen folgten, das Renommee wuchs. Dank des Netzwerks der widerständigen wendländischen Kunstszene war, anders als ursprünglich geplant, eine Rückkehr in die Heimat möglich. Die Ruhe, die die schöne Landschaft ausstrahlt, tat ihr Übriges dazu. Zuerst war nur ein Zweitatelier geplant. Schließlich wurde das Hinterhaus doch zum Hauptsitz.

Türkisgrün, Warmrot, Tiefschwarz – kräftige Farben dominieren Katrin Magens' Holzschnitte, filigrane, sich oft kreuzende Linienwerke die Hintergründe. Eine ganze Serie unterschiedlichster Formate und Techniken schuf sie nach 2009, als sie von einer langen Reise nach Papua-Neuguinea zurückkehrte. Bilder und Installationen, die die Faszination, aber auch die sozialen Probleme der Südseebewohner widerspiegeln. Und immer wieder Venedig. Die Ergebnisse der langen Arbeitsaufenthalte in der Lagunenstadt, in der eigenwilligen und typischen Formensprache der Künstlerin, zieren – sorgfältig gerahmt – das Atelier.

Ihren exotischen wie erdnahen unendlichen Bildervorrat schöpft Katrin Magens aus ihren visuellen Tagebüchern, die sie seit fast 30 Jahren führt und die für sich schon ein Kunstwerk sind.

Adresse Hinterhaus Werkstatt/Galerie, Am Markt 16, 29451 Dannenberg, Tel. 05861/2445, www.hinter-haus.de | **Anfahrt** von der B 191 in die B 216/Lüneburger Straße Richtung Stadtmitte einbiegen, nach 300 Metern rechts in die Jeetzelallee, nach 500 Meter rechts in die Fischerstraße und parken (am besten in der Rosmarienstraße) | **Öffnungszeiten** während der KLP täglich 11–18 Uhr, ansonsten nach Vereinbarung | **Tipp** Katrin Magens gibt im Frühjahr und Herbst Workshops in ihrem Atelier, in denen sie in die Kunst des Holzschnitts einführt.

20 Der Thielenburger See

Ins Abseits geraten

Der Thielenburger See sollte einmal Aushängeschild der Stadt Dannenberg werden. Jedoch bleiben die Besucherzahlen weit hinter den Erwartungen zurück. Das soll sich bald ändern. Nicht nur dieser Ort, sondern auch die Marschtorstraße sowie das Schulzentrum sollen zukünftig grüner, gepflegter und belebter und somit für Besucher attraktiver werden.

Um die Verschönerung zu realisieren, ohne dabei allein auf den Kosten sitzen zu bleiben, bewarb sich die Stadt im Februar 2018 um Mittel aus dem Städteförderungsprogramm des Bundes. Da niemand den Ort so gut kennt wie seine Einwohner selbst, bezieht man sie in die Planung mit ein. Bei einer Bürgerversammlung im Jahr 2017 wurden Arbeitsgruppen gebildet und bereits konkrete Vorschläge erarbeitet. Mit der Realisierung der Pläne soll 2019 begonnen werden.

Der Thielenburger See, der im Fokus der Maßnahmen steht, befindet sich im Süden der Altstadt. Er wurde in den 1980er Jahren künstlich angelegt und ist über elf Hektar groß. Ein etwa zweieinhalb Kilometer langer Rad- und Wanderweg führt am Gewässer entlang. Am Nordufer stehen ein paar alte Fachwerkhäuser. In der Nähe gibt es einen kleinen Wald mit Campingplatz, ein Freibad, einen großen Spielplatz sowie einen Rodelberg. Das klingt alles idyllisch, wenn nur die Nähe zur stark frequentierten Bundesstraße B 191 nicht wäre. Der Lärm ist ein Störfaktor für Erholungsuchende, gerade diejenigen, für die diese Grünanlage angelegt wurde. Geplant ist daher, den Park eher sportlich zu beleben. Ein weiteres Manko ist die Abgeschnittenheit vom Zentrum, obwohl der Park ganz in der Nähe liegt. Darum soll durch Sichtachsen eine Verbindung zur Innenstadt geschaffen werden.

In einer Großstadt wäre der Thielenburger See eine willkommene grüne Oase. In dem überschaubaren Dannenberg, das in Natur eingebettet liegt, mag so manch einer den Sinn dieser Erholungsanlage in Frage stellen.

Adresse Thielenburger See, 29451 Dannenberg | Anfahrt von Westen über die B 216 Richtung Stadtmitte, links in die Jeetzelallee und gleich rechts in den Lindenweg bis zum Parkplatz an der Nicolas-Born-Schule | Tipp Direkt am See befindet sich das Ohmsche Haus, in dem interessante kulturelle Veranstaltungen angeboten werden. Das traditionelle Fachwerkhaus wurde im 17. Jahrhundert in Langendorf gebaut und ist 1988 an seinen jetzigen Standort gezogen.

21 Das Dorf-Ding

Ein Ort mit Vorbildcharakter

Bei der Kulturellen Landpartie haben Besucher Gelegenheit, einen Einblick in das Leben der Dorfgemeinschaften zu bekommen. In Diahren beispielsweise werden regelmäßig Rundgänge über die Höfe seiner Bewohner angeboten.

Einen der Spaziergänge im Jahr 2017 leitete die Fotografin und Installationskünstlerin Katrin Karmann, die auch ihre eigene Geschichte erzählte. Nachdem die Rheinländerin zuvor in Berlin und Hamburg gelebt hatte, zog es sie im Jahr 2002 nach Diahren. Die Künstlerin und ihr damaliger Partner gehörten zu den ersten Zugezogenen. Der zwei Jahre später geborene Sohn war das einzige Kleinkind im Ort. Das änderte sich zum Glück schnell. Bald nach ihrem Umzug begann die Neu-Wendländerin zu arbeiten und sich zu vernetzen. So knüpfte sie viele neue Kontakte. Bereits in ihrem zweiten Jahr war Diahren ein Punkt der Kulturellen Landpartie, und nach einem weiteren wurde das Sonntags-Café eröffnet. Die Menschen, die anfänglich als Gäste kamen, wurden zu Freunden, und manche von ihnen zogen später selbst ins Dorf. Sie alle hatten unterschiedliche Lebensentwürfe und Talente. Allen gemein war die Lust auf ein gemeinsames Leben.

Heute ist Diahren wegen seiner vielfältigen gemeinsamen Aktionen zum Vorbild für andere Dorfgemeinschaften geworden. Das Café wird in Teamwork geführt. Ein Nachbar bekocht einmal wöchentlich das ganze Dorf, einfach so, weil es ihm Spaß bringt. Es gibt ein A-cappella-Quartett, von dem drei Mitglieder aus Diahren stammen, und, und, und. Zusammengefasst werden diese Aktionen unter dem Begriff »Dorf-Ding«.

Katrin Karmann resümiert, das Zusammenwachsen dieser Gemeinschaft sei nicht immer konfliktfrei verlaufen. Dennoch war es eine spannende und bereichernde Erfahrung. Der erste Winter auf dem Land erschien ihr noch sehr lang und dunkel. Mit ihrer Beschäftigung in der Dorfgemeinschaft vermisst sie die Vorzüge der Großstadt nicht mehr.

Adresse 29496 Waddeweitz-Diahren | **Anfahrt** von Lüchow auf der B 493 Richtung Westen fahren, nach etwa 10 Kilometern links ab nach Diahren | **Tipp** Aus Diahren stammt der einzigartige Schafslikör White Wendish. Den sollten Sie unbedingt einmal probieren. Sie erhalten ihn im Dorfcafé und können ihn auch in vielen Geschäften der Region kaufen.

22 Der sonnige Biergarten

Italienische Gastlichkeit in ländlicher Umgebung

Viele Dorfgaststätten im Wendland sind seit Langem geschlossen. Aber wenn Carlo Rossini sein Restaurant im alten Dolgower Gasthof öffnet, dann muss er »nur die Tür aufmachen, und es läuft«. Großvater Bruno kam schon 1965 nach Deutschland, bewirtete in Wolfsburg die italienischen Gastarbeiter. Carlo folgte im Alter von 16 Jahren, ist heute der Senior und immer noch aktiv. Er heiratete eine Wendländerin und eröffnete 2006 sein Restaurant in einem Anfang des 20. Jahrhunderts errichteten Gasthofs. In diesem befindet sich auch das Hotel Dolgow, mit günstigen Zimmerpreisen. Inzwischen wird das Restaurant von einem Team um Sohn Manuel geführt.

In dem Gasthaus kommen alle Generationen, sozialen Schichten, Leute aus der näheren und weiteren Umgebung zusammen auf ein Glas Bier oder Wein, zum Speisen oder für große Familienfeiern. Ob in der alten Gaststube, im ehemaligen Tanzsaal oder im später angelegten Biergarten, überall spürt man italienische Lebensfreude – durch die persönliche Ansprache der Gäste, leckere Speisen der klassischen italienischen Küche, gute und günstige italienische Weine von der Weinkarte und Biere, auch aus der Region.

Eine ansprechende Speisekarte in Form einer Broschüre erzählt die Geschichte der Familie, informiert über kulturelle und andere Angebote im Wendland – und über italienische Kultur: Carlo Rossini hat einen Kulturverein gegründet, der ab und zu im Tanzsaal die großen italienischen Filme zeigt, oder man tourt mit dem Rennrad durchs Wendland.

Der Biergarten schließlich, gleich nebenan, ist eine Klasse für sich, ein bisschen abseits der Straße, eingerahmt von Rosenbüschen, kleinen und größeren Bäumen. Er lockt mit herrlichem Ausblick in die Landschaft, über ein weites Feld hinweg auf Baumgruppen und Wiesen. Ein Grenzpfahl macht unmissverständlich in Grün-Weiß-Rot deutlich: Hier beginnt die italienische Lebensart.

Adresse Restaurant Rossini BuonGusto, Korreitz 1, 29462 Wustrow-Dolgow, Tel. 05843/224, www.rossini-buongusto.de | **Anfahrt** von der B 248/B 493 Richtung Stadtmitte Lüchow, dann 4 Kilometer Richtung Clenze, in Dolgow liegt das Restaurant im Abzweig nach Wustrow | **Öffnungszeiten** Mai–Aug. Di–So, Sept.–April Mi–So 12–15 Uhr und ab 17.30 Uhr, Küche bis 22 Uhr | **Tipp** Nebenan liegt der schöne Rundling Dolgow mit Vierständerhäusern des 19. Jahrhunderts, errichtet nach einem 1812 fast den ganzen Ort vernichtenden Brand.

23__Die Spuren der Wölfe

Auf Isegrims Spuren

Ein Waldbewohner von schlechtem Rufe ist in unsere Gefilde zurückgekehrt. Die Naturschützer freut es, die Bauern weniger, denn Wölfe jagen nicht nur Wildtiere, sondern reißen auch Nutzvieh auf der Weide, wie Schafe und Kälber.

Einer, der dem Graupelz mehr Faszination als Abneigung entgegenbringt, ist der Inhaber des Biohotels »Kenners Landlust«, Kenny Kenners. Er hat sich, nachdem diese Tierart im Jahr 1990 in Deutschland unter Naturschutz gestellt wurde, zu einem von 40 Wolfsberatern in Niedersachsen ausbilden lassen. Der Jäger des Waldes wurde hierzulande nahezu ausgerottet. Ganz verschwunden ist er jedoch nie. Vereinzelt kamen Jungtiere aus Osteuropa, wurden jedoch erschossen, sobald man sie aufgespürt hatte. Seitdem der Wolf geschützt ist, tritt er auch im Wendland wieder in Erscheinung. Im Gartower Forst und in Göhrde konnten Rudel nachgewiesen werden.

Der Hotelier gibt sein Wissen gern an seine Gäste weiter. Er bietet geführte Touren durch den Wald der Göhrde an. Es ist ihm wichtig, Vorurteile abzubauen, um eine Annäherung zwischen Mensch und Tier zu erreichen. Die Teilnehmer werden umfassend über Verhaltensweisen sowie Lebensräume informiert. Nach Aussage Kenners' ist der Stammvater des Hundes nicht nur Jäger, sondern auch ein sehr soziales Wesen, das im Wald viele Freunde hat. Mit etwas Glück lassen sich bei den Touren Spuren und Hinweise finden. Den Wolf selbst wird man bei den Erkundungen jedoch kaum zu Gesicht bekommen. Auch mit der nächtlichen Fotofalle lässt er sich kaum einfangen, da seine Zahl einfach zu gering ist und er ein sehr scheues Naturell hat.

Für entspannende Unterhaltung zum Abschluss des Tages sorgt die Ehefrau des Experten, Barbara Kenners. Sie bietet Lesungen in der kleinen Kaminstube des Hotels oder zum Dinner an und hat auch Geschichten über den Wolf in ihrem Repertoire.

Adresse Biohotel Kenners Landlust, Dübbekold 1, 29473 Göhrde-Dübbekold, Tel. 05855/979300, www.kenners-landlust.de | Anfahrt in Göhrde von der B 216 in die König-Georg-Allee einbiegen, dem Verlauf der Straße bis Dübbelkold folgen | Öffnungszeiten Termine bitte Homepage entnehmen | Tipp Das Bio-Hotel Kenners Landlust bietet sich für einen erholsamen Kurzurlaub an, und die dortige Bio-Küche ist sehr zu empfehlen.

24 Das Elbholz

Des Dichters Lieblingsplatz

Im Urstromtal der Elbe wurde ein Stück Ursprünglichkeit der dort charakteristischen Landschaft bewahrt. Das zwischen Pevestorf und Schnackenburg gelegene Elbholz wird zwar nicht mehr regelmäßig überflutet, weil es eingedeicht wurde. Dennoch ist ein Rest Auenwald vorhanden, der zahlreichen Tier- und Pflanzenarten ein Zuhause bietet. Charakteristisch sind alte, bizarre Stieleichen sowie Flatterulmen.

Literarisch wird dieses Gebiet in dem Gedicht »Ein paar Notizen aus dem Elbholz« von Nicolas Born (1937–1979) gewürdigt. Der aus dem Rheinland stammende Schriftsteller fand nach mehreren Auslandsaufenthalten im Wendland eine neue Heimat. Nach Aussage seiner Witwe Irmgard Born fühlte sich ihr Mann zu diesem Auenwald besonders hingezogen. Zwei Jahre vor seinem frühen Tod streifte der Dichter zur Zeit der November-Tristesse tagelang durch das Dickicht. Er ließ seinen Emotionen freien Lauf und hielt die Eindrücke schriftlich fest, um später ein Gedicht darüber zu verfassen. Born war kein Romantiker. Schließlich hatte er selbst bereits schwere Schicksalsschläge hinnehmen müssen. Einer war die Brandkatastrophe im Jahr 1976, die ihm fast all seine Manuskripte raubte. Ein Jahr später wurde Gorleben als Standort für ein nukleares Entsorgungszentrum bestimmt. Das machte ihn sehr betroffen. Auch wenn Born sich von der weitläufigen, dünn besiedelten Elbregion mit ihrer intakten Natur angezogen fühlte – ein Idyll war sie für ihn nicht. Der Gedanke an die allmächtige DDR-Grenze auf der anderen Seite des Flusses war ihm stets präsent. Immer wieder dringt seine Kritik in dem Gedicht durch Formulierungen wie »Die Ruhe auf dem Land ist oft stille Wut!« durch.

Auch 40 Jahre nachdem Born das Elbholz besuchte, hat die Landschaft nichts von ihrer Ursprünglichkeit eingebüßt. Dank des Einsatzes der Naturschutzverbände wurden auch nach der Wiedervereinigung keine größeren Umweltsünden begangen.

Adresse Gartow-Elbholz, 29471 Gartow | Anfahrt über die B 493 nach Gartow und die L 258 nach Pevestorf, in der Nähe des Lindenkrugs einen Parkplatz suchen und entlang der Pevestorfer Wiesen bis zum Elbdeich gehen, wo das Elbholz beginnt | Tipp Von Pevestorf aus setzt die Fähre über nach Lenzen, einem kleinem Städtchen in der Prignitz, das Sehenswürdigkeiten, wie eine Burg, einen stumpfen Turm oder ein Rathaus mit einer Ein-Zeiger-Uhr, aufweisen kann.

25 Das Anwesen des Grafen

Audienz beim Schlossgespenst

Am Ortsausgang von Gartow steht etwas abseits gelegen ein kleines Schloss aus dem 18. Jahrhundert. Es ist der Familiensitz der Grafen zu Bernstorff. Für gewöhnlich bekommt man nur die Vorderfront des Gebäudes sowie den Vorgarten zu Gesicht. Ab und an jedoch bietet Graf Andreas von Bernstorff höchstpersönlich Führungen an und geleitet seine Gäste durch die ansonsten verborgenen Gemächer.

Der Weg in die gräfliche Welt führt durch ein 300 Jahre altes weißes Barocktor. Der Besucher findet sich in einem weitläufigen, herrlich angelegten Garten wieder. Von dort führt ihn die Reise in die Vergangenheit weiter ins Gebäudeinnere: in den Musiksaal, in dem regelmäßig Konzerte stattfinden, in die Bibliothek mit alten, sehr wertvollen Drucken von Kupferstichen sowie ins Archiv, in dem die Jahreschroniken seit Jahrhunderten verwahrt werden.

Der Hausherr erläutert die Geschichte seiner Familie, die in Gartow mit einem seiner Urgroßväter, es war Andreas Gottlieb von Bernstorff, der einst Kanzler des Herzogs Georg Wilhelm von Celle war, begann. Dieser kaufte im Jahr 1694 einer Familie Bülow, die dort 250 Jahre ansässig war, die Gutswirtschaft Gartow mit 24 Dörfern ab. Und so weiter und so fort.

Schnell registriert der Referent, dass zu viele Detailinformationen die zahlreichen jungen Zuhörer eventuell langweilen könnten. Deshalb bringt er das Gespräch immer wieder auf das Schlossgespenst, welches angeblich gerade verreist sei. Über den täuschend echt aussehenden Hirsch Hubertus, der aus Holz geschnitzt ist und das Foyer bewacht, sowie über dessen Kollegen, einen ausgestopften Weißkopfseeadler, der hoch oben auf der Vitrine die Stellung hält, hat er ebenfalls spannende Anekdoten parat. Die zweistündige Führung vergeht wie im Fluge. Auch wenn der Hausgeist gerade durch Abwesenheit glänzt, so ist der Graf selbst ein ausgezeichneter Unterhalter.

Adresse Schloss Gartow, Hauptstraße 6, 29471 Gartow, www.bernstorff.de | **Anfahrt** über die B 493 nach Gartow, im Zentrum entlang Hauptstraße und Kirchweg, das Schloss liegt in gerader Verlängerung der Hauptstraße, mit dem Parkplatz nebenan | **Öffnungszeiten** Termine für Führungen bei der Touristen-Information Samtgemeinde Gartow bei Frau Hardorp, Tel. 05846/333 | **Tipp** In dem Wildladen auf dem Schlossgelände erhalten Sie nicht nur Wildspezialitäten, sondern auch leckere Pestos und Chutneys. Das Geschäft ist nur freitags von 10 bis 17 Uhr und samstags von 10 bis 13 Uhr geöffnet.

26 Der Biberpfad

Auf der Spur von Meister Bockert

Der Biber galt in der Region Elbtalaue bereits als ausgerottet, tritt seit einigen Jahren jedoch häufiger wieder in Erscheinung. Inzwischen werden geführte Wanderungen, Fahrrad- und Kanutouren vorbei an Biberhöhlen angeboten. Bei der Touristeninformation in Gartow oder Lenzen haben Sie die Möglichkeit, sich einen Pocket-PC auszuleihen, um sich damit selbst mit dem Fahrrad auf eine 40 oder 45 Kilometer lange Erkundungstour entlang der Elbe zu begeben.

Eine kürzere, aber ebenso spannende Möglichkeit, das Reich von »Meister Bockert«, so der Fabelname, zu entdecken, bietet der zweieinhalb Kilometer lange Biberlehrpfad, der rund um den Kleinen Gartower See herumführt. Er startet in der Nähe des Hofes Quarnstedt und erschließt den Biberlebensraum. Anhand von acht Schautafeln wird ausführlich über das Leben des Nagers informiert. Der Besucher erfährt allerlei Interessantes über Verhaltensweisen sowie bevorzugte Nahrungsmittel. Ebenso wird er über den Biberbau und die Gründe der ehemaligen Bejagung aufgeklärt. Ein Pfeilsystem weist den Weg. Wer großes Glück hat, wird am Ufer des Gewässers vielleicht sogar einen Biber entdecken – oder zumindest den einen oder anderen von ihm zernagten Holzstamm.

Aber auch wenn Sie den weltweit zweitgrößten Nager nicht zu Gesicht bekommen sollten, lohnt sich dieser erholsame Spaziergang durch die üppige Natur. Sie werden kaum einer Menschenseele begegnen, dafür aber viele Vogelstimmen, allen voran den Ruf des Kuckucks, vernehmen.

Auf halber Strecke begegnet man mitten auf einem freien Feld mehreren riesigen Skulpturen, die an ihrem Standort sehr befremdlich wirken (siehe Kapitel 27). Eine kleine Brücke führt über die Seege. Von dort aus ist der Blick auf den Fluss besonders malerisch.

Auf dieser Tour sollte man möglichst festes Schuhwerk und, wenn es zuvor geregnet haben sollte, lieber Gummistiefel tragen.

Adresse Kleiner Gartower See, 29471 Gartow | **Anfahrt** über die B 493 nach Gartow, im Zentrum die Hauptstraße entlang, in der Nähe des Schlosses gibt es einen Pfad zur Seege, Parkplatz auf der anderen Straßenseite | **Tipp** Vom Biberlehrpfad aus können Sie weitere Rundwege erkunden. Es gibt beispielsweise einen Seeadlerrundweg oder den Großen und den Kleinen Kunstweg. Auch der Bahlsen-Turm, von dem aus man Seeadler beobachten kann, ist nicht weit entfernt.

27 Der Kunstverein

Art and Nature

Der Westwendische Kunstverein (WWK) feiert im Jahr 2018 sein 30-jähriges Bestehen. Motivation zu seiner Gründung war der Wunsch, regionalen Künstlern einen »permanenten Blick über den Tellerrand« zu ermöglichen, in kontinuierlicher Begegnung hiesiger mit auswärtiger Kunst.

Mittlerweile gibt es drei Standorte. Zuletzt kam im Jahr 2012 die KUNSTkammer hinzu, die prädestiniert ist für feine, konzentrierte Präsentationen von Kunst. Hier finden fünf bis sechs Ausstellungen pro Jahr statt. Daneben gibt es den historisch bedeutsamen Zehntspeicher der Grafen von Bernstorff, einer der größten noch existierenden Profanbauten Norddeutschlands. Er bietet Raum für zwei bis drei Großausstellungen pro Sommer. Direkt am Zehntspeicher, im Überschwemmungsgebiet der Seege-Niederung, liegt ein Skulpturenpark, den 16 Künstler im Rahmen zweier Bildhauersymposien (1991 und 1992) schufen. Er wurde durch das Projekt »Feldversuche« (2002 bis 2007) von international renommierten Künstlern wie Bob Braine, Mark Dion, der Galerie für Landschaftskunst, Henrik Håkannson und Sandra Voets zu einem künstlerischen »Freilandlabor« erweitert. Das »Floodwater Residency Program« von Mark Dion stellt dabei eines der ungewöhnlichsten Kunstprojekte dar: Auf den ersten Blick steht am südlichen Rand der Seege-Niederung »nur« ein Holzhaus auf Stelzen. In Wahrheit handelt es sich jedoch um eine soziale Skulptur. Drei Künstler werden als »Artist in Residence« jeden Sommer eingeladen, dort zu leben, zu forschen und zu arbeiten. Am Anfang des Aufenthalts steht ein Künstlergespräch.

Zu den Ausstellungen wird eine Vernissage angeboten, außerdem finden regelmäßig Tischgespräche in der KUNSTkammer statt. Im Bereich Kunstvermittlung leistet der WWK seinen Beitrag, indem bei Ausstellungen verstärkt Themen für Schüler sowie junge Erwachsene berücksichtigt werden.

Adresse Westwendischer Kunstverein, Hauptstraße 10, 29471 Gartow, Tel. 05846/9802537, www.westwendischer-kunstverein.de | **Anfahrt** von der B 493 nach Gartow, die KUNSTkammer befindet sich in der Hauptstraße auf der nördlichen Seite | **Öffnungszeiten** Zehntspeicher: Fr 16–18 Uhr, Sa und So 12–16 Uhr; KUNSTkammer: Fr 16–18 Uhr, Sa 10–13 Uhr, So 11–13 Uhr, Termine der Ausstellungen auf der Webseite | **Tipp** Gegenüber der Kunstkammer finden Sie das Geschäft »Allerhandwerke«, in dem regionale Erzeugnisse, darunter auch Kunsthandwerk, angeboten werden.

28 Das Vogelparadies

Konzert unter freiem Himmel

Geht es Ihnen nicht auch manchmal so, dass Sie sich am Gesang eines Vogels erfreuen und nur zu gern wissen würden, wer Sie gerade so angenehm unterhält? Dann empfiehlt es sich, an einer Vogelstimmen-Erkundungstour, die regelmäßig vom Frühjahr bis zum Sommer vom Naturschutzbund (NABU) am Gartower See angeboten wird, teilzunehmen. Während der zweistündigen Führung werden Sie zahlreiche Federtiere, deren Lebensräume sich überwiegend am Ufer, auf dem Wasser, im Wald oder in der Luft befinden, kennenlernen.

So, als ob das Kuckucksweibchen die Hobbyornithologen erwartet hätte, bietet es den Auftakt und auch das letzte Ständchen der morgendlichen Führung. Dass ihr »Glück-Glück« unerwartet viel höher und schneller klingt als der bekannte Ruf des Männchens, lernen wir von Vogelexpertin Irene Timm. Auf einem hohen Ast sitzt ein Rotmilan, der darauf wartet, dass sein Gefieder nach dem Regen trocknet, denn mit nassen Federn fliegt es sich schlecht. Immer wieder ist das Krächzen der Rabenkrähen zu vernehmen, die darauf lauern, unbewachte Nester auszurauben. Vom Ufer ist zu erkennen, wie eine Schwanenfamilie einen Ausflug auf dem See unternimmt. Die Haubentaucherdame sitzt auf ihrem Nest, auf Teichrosenblätter gebettet. Sie wartet, dass ihr Gatte bald das Frühstück bringt. Der hat jedoch längst die ungebetenen Zaungäste entdeckt und verhält sich entsprechend zögerlich. Im Wald fliegen die Stare munter in ein Baumloch ein und aus. Offensichtlich haben sie das Heim einer Spechtfamilie, die ihr Quartier gewechselt hat, übernommen. Der Gesang verschiedener Teich- und Drosselrohrhalmer ist zu vernehmen. Obwohl die Unterschiede minimal sind, kann die Expertin sie sicher zuordnen.

Am Ende der Tour sind 27 unterschiedliche Vogelarten zusammengekommen, und die Teilnehmer haben eine ganze Menge über die Verhaltensweisen und Gesänge unterschiedlichster Vogelarten gelernt.

Adresse Gartower See, Parkplatz, 29471 Gartow (der Treffpunkt kann je nach Termin abweichen), Tel. 05846/1445, www.nabu-luechow.de | **Anfahrt** von der B 493/Hauptstraße in Gartow in Richtung Schnackenburg, nördlich des Gartower Sees links, Treffpunkt ist einer der Parkplätze, die direkt am See liegen | **Tipp** Am Nordufer des Gartower Sees kurz vorm Ortseingang Restorf befindet sich Woodhenge. Die aus 56 Holzpfählen errichtete Anlage soll an die Überreste eines bronzezeitlichen Observatoriums, das Archäologen bei Pevestorf gefunden haben, erinnern.

29 Der Jazz-Gasthof

Lauschangriff auf die Ohren

Wer sich für unkonventionelle und experimentelle Musik begeistern kann, sollte sich den Namen »Wendlandjazz« gut merken. Im Jahr 2008 von Reinhard Krämer gegründet, verbirgt sich dahinter ein musikliebendes, ehrenamtlich arbeitendes Team. Ziel war es, den Landkreis musikalisch aufzumischen und um die Farben des Jazz und Blues zu bereichern. Heute werden nicht mehr nur diese beiden Genres bedient, sondern ein breiteres Spektrum an spannender Musik angeboten. Die Livekonzerte sind garantiert nie langweilig und eher schräg als zu gefällig.

Den Programmplanern Jana Wagner und Thomas Fischer gelingt es immer wieder, sowohl interessante Newcomer, die an der Schwelle zum Erfolg stehen, aufzuspüren als auch internationale Bands ins kleine Gedelitz zu locken. Ein volles Haus mit einem begeisterten Stammpublikum ist der Beweis dafür, dass die beiden den Nerv der Zeit treffen. Es ist zwar schon einmal vorgekommen, dass einige Gäste während der Pause ein Konzert verließen, aber die positiven Stimmen von Besuchern, die sich auch an unbekannten Klängen erfreuen, überwiegen.

Weitere Bestätigung erhält Wendlandjazz in Form von Auszeichnungen. Im Jahr 2017 konnte man bereits zum zweiten Mal den »Applaus-Preis« entgegennehmen, der für ein herausragendes Live-Musikprogramm unabhängiger Spielstätten vergeben wird.

Pro Jahr finden zehn Konzerte statt. Austragungsort ist der Gasthof Wiese, in dem bis zu 150 Menschen Platz haben. Einen ersten visuellen Eindruck von den Konzerten verschafft eine kleine Dauerausstellung des Fotografen Thomas Wittlief. Ein Highlight im Jahr 2017 war der Auftritt des »Trio Benares«, das den Jazz mit Elementen der klassischen indischen Musik förmlich verschmolz. Auch das zukünftige Programm ist vielversprechend. Darunter finden Sie den syrischen Bambusflöter Fityan, das iranisch-ägyptische »Golnar & Mahan Trio« oder »Jin Jim«, eine Modern Jazz- und Rockband.

Adresse Gasthof Wiese, Gedelitz 21, 29494 Trebel-Gedelitz, Tel. 05848/1259, www.gasthaus-wiese.de | **Anfahrt** über die B 493 nach Trebel fahren, von dort sind es über die K 39 noch 5 Kilometer bis Gedelitz, das Gasthaus befindet sich auf der südlichen Seite der Hauptstraße | **Öffnungszeiten** Termine der Konzerte auf www.wendlandjazz.de | **Tipp** In Gorleben, unweit von Gedelitz entfernt, finden Sie den letzten Elbfischer der Region, Christian Köthke.

30_Der Wagyu-Hof

Der Rolls-Royce im Kuhstall

Das Edelfleisch des japanischen Schwarzrindes, Wagyu genannt, erfreut sich international immer größerer Beliebtheit. Häufig findet man auch die Bezeichnung Kobe-Rind, aber diese ist nur dann zulässig, wenn die Tiere auch aus der Region der gleichnamigen Stadt stammen. Nachdem der Landwirt Eike Martens aus Gedelitz vor einigen Jahren einen Bericht über die Exoten aus Fernost gesehen hatte, war sein Interesse geweckt. Da er selbst gern hochwertiges Fleisch isst, wagte er das Experiment und kaufte vor sechs Jahren schließlich von einem Züchter aus den USA zwei Embryonen zum Preis von 1.000 Euro pro Stück. Leider wuchs jedoch nur ein Kalb heran, denn die Überlebenschance liegt nur bei 50 Prozent.

Eike Martens war einer der Ersten, der im norddeutschen Raum mit der Wagyu-Züchtung begann. Im Jahr 2017 mischten sich bereits 18 Rinder aus Übersee unter die Holsteiner Herde. Im gleichen Jahr ließ der Züchter erstmalig eines der Wagyu schlachten. Zunächst nur probeweise, um die Qualität des Fleisches zu testen. Obwohl es in dem großen Zuchtbetrieb nicht möglich ist, dem Luxusvieh eine Sonderbehandlung zuteilwerden zu lassen, gedeiht es in der neuen Umgebung prächtig. In Japan werden zur Optimierung der Fleischqualität auch Massagen und Bier verabreicht. Wagyu sind reine Fleischlieferanten und wären als Milchkuh äußerst unprofitabel. Sie geben im Schnitt nur sechs Liter pro Tag, gerade einmal so viel, um ein Kalb davon zu ernähren. Deshalb bedient sich ihr Nachwuchs häufig auch bei den Müttern der norddeutschen Artgenossen.

Rivalitäten gibt es im Kuhstall keine. Ganz im Gegenteil. Nur eine Kuh mit japanischen Vorfahren ist ein bisschen eitel geworden. Sie war lange Zeit der Liebling auf dem Hof und ist deshalb sehr verwöhnt. Als Bauer Martens versuchte, sie für ein Foto zum Aufstehen zu bewegen, ignorierte sie die eindringliche Bitte ihres Chefs und blieb einfach liegen.

Adresse Gedelitz 15, 29494 Trebel-Gedelitz, Tel. 0170/3074827 | **Anfahrt** über die B 493 nach Trebel fahren, von dort sind es über die K 39 noch 5 Kilometer bis Gedelitz, der Hof befindet sich auf der nördlichen Seite der Hauptstraße | **Tipp** In Gedelitz gibt es einen Bogenschießverein, der einmal im Jahr eine Dünenjagd organisiert.

31 Die Beluga

Letzter Liegeplatz im Wald

Mitten im Gorlebener Forst, über dem Salzstock Gorleben, hat die »Beluga« im Jahr 2013 ihren letzten Hafen angelaufen. Das Schiff liegt in Sichtweite zwischen dem Atommüllendlager-Erkundungsbergwerk und dem Atommüllzwischenlager auf einer Lichtung, als ein Symbol des Widerstandes.

Im Jahr 1960 gebaut, war es bis 1984 als Feuerlöschboot im Einsatz. Nach der Übernahme durch die Umweltorganisation Greenpeace wurde es zu einem Laborschiff umgebaut. Die »Beluga« war jahrzehntelang auf Flüssen und in Küstengewässern Europas und Nordamerikas unterwegs, um zahlreiche Umweltzerstörungen aufzudecken. Viele Einsätze richteten sich gegen die Atomindustrie, beispielsweise gegen die Wiederaufbereitungsanlagen in Sellafield und La Hague, um auf Gefahren und die ungelöste Atommüllproblematik hinzuweisen. 2004 nahm ein neues Boot, die »Beluga II«, seinen Dienst auf. Die alte »Beluga« diente danach als Schulungsschiff für Aktivisten, mit festem Liegeplatz in Hamburg. Ihre letzte Reise führte sie an diesen zentralen Ort der Auseinandersetzungen um ein sicheres Endlager. Das 24 Meter lange Boot wurde zerlegt, mit einem Lkw-Konvoi ins Wendland transportiert und dort aufgestellt. Der Landkreis Lüchow-Dannenberg verlangte einen Bauantrag und genehmigte dann sozusagen amtlich diesen Dauerprotest.

Am Rumpf prangt eine Ausstellung. Sie dokumentiert und kommentiert die Geschichte des verantwortungslosen Umgangs mit Atommüll von den 1970ern bis heute, der rein politischen Festlegung auf einen ungeeigneten Endlagerstandort. Offiziell wurde das Bergwerk, in das man 1,6 Milliarden Euro investierte, nur zur wissenschaftlichen Erkundung ausgebaut.

Die weit gereiste »Beluga« liegt hier nun, still mahnend an die Fehler der Vergangenheit. Greenpeace appelliert damit an Politik und Verantwortungsträger, ergebnisoffen und verantwortungsvoll nach einem Atommüllendlager in Deutschland zu suchen.

Adresse Rottlebener Weg, 29475 Gorleben | Anfahrt von der B 191 bei Dannenberg auf der L 256 17 Kilometer nach Gorleben, im Ort Richtung Gedelitz, nach 2,4 Kilometern dem Schild »Bergwerk Salzstock Gorleben« folgen, zur Beluga | Öffnungszeiten jederzeit | Tipp Bei der Beluga befindet sich eine weitere Freiluftausstellung zur Geschichte und über Infopunkte des Gorleben-Widerstandes. Von hier sind es jeweils 200 Meter bis zum gut gesicherten Erkundungsbergwerk und zum Atommüll-Zwischenlager.

32 Die Kreuze im Wald

Das Gorlebener Gebet

Seit die Gorlebener Gebete im Jahr 1989 ins Leben gerufen wurden, sind sie noch nicht einmal ausgefallen. Auch nicht bei Schnee, Glatteis oder Sturm. Jeden Sonntag um 14 Uhr trifft sich die Gemeinde am Platz bei den Kreuzen im Kiefernwald, in Sichtnähe zum Erkundungslager. Die Zahl der Teilnehmer variiert zwischen fünf und 100.

Bereits in den frühen 1980er Jahren hatten Pastoren und Pastorinnen zu besonderen Gelegenheiten, wie beispielsweise an Weihnachten oder Silvester, zu Gottesdiensten im Freien geladen, um auf die Bedrohung durch die geplanten Atomanlagen hinzuweisen. Aufgrund der positiven Resonanz wurde die Freiluftandacht zur festen Einrichtung.

Mehrere Holzkreuze symbolisieren die Kirche im Wald. Es gibt das christliche Symbol in mehrfacher Ausführung, weil jedes eine besondere Bewandtnis hat. Das erste stammt aus Krümmel und wurde im Jahr 1985 von Demonstranten auf den Gleisen des Castor-Zuges von Lüneburg nach Dannenberg und von dort nach Gorleben getragen. Es existiert nicht mehr, da es die Herbststürme im Jahr 2017 nicht überstand. Das zweite fand 1988 aus dem zu Fuß mehr als 1.000 Kilometer entfernten bayerischen Wackersdorf, unter noch mehr Kraftaufwand, seinen Weg ins Wendland und ist ebenfalls vom Verfall arg gezeichnet. Die beiden neueren Kreuze sind noch intakt.

Die Andachten sind ökumenisch sowie interreligiös ausgerichtet. Die Redner, die entweder allein oder in Gruppen auftreten, wechseln wöchentlich. Zumeist wird dieses Amt von Personen übernommen, die zum festen Stamm der Gruppe gehören. Jeder kann frei entscheiden, worüber er sprechen möchte. Oft wird der Widerstand thematisiert. Das ist jedoch kein Muss. Es wird auch gesungen und gebetet, und wer möchte, gibt zum Schluss einen Segen.

Nach der Andacht trifft sich die Gruppe im Nachbarort Gedelitz, um im Café Wiese (siehe Kapitel 29) bei Kaffee und Torte den Nachmittag auf angenehme Weise ausklingen zu lassen.

Adresse bei den Kreuzen im Wald, 29475 Gorleben, Info: Christa Kuhl, Tel. 05843/986454, E-Mail: chdkuhl@gmx.de | **Anfahrt** von der B 191 bei Dannenberg auf der L 256 17 Kilometer nach Gorleben, im Ort Richtung Gedelitz, nach 2,4 Kilometern dem Schild »Bergwerk Salzstock Gorleben« folgen, zur Beluga, von dort etwa 250 Meter zu Fuß | **Öffnungszeiten** So 14 Uhr | **Tipp** Jeden Sonntag um 13 Uhr wird ein Spaziergang rund um das Erkundungswerk angeboten (Informationen: Johanna Voß, Tel. 05883/8183, E-Mail: johvoss2@gmail.com).

33 Der Feldlilienpfad

Die Letzte ihrer Art

Von Juni bis Mitte Juli bieten die Felder von Govelin ein besonders schönes Naturschauspiel. Zwischen spärlich stehenden Getreidehalmen lugen handtellergroße, orange-rot leuchtende Blüten hervor, die Feuerlilien (*Lilium bulbiferum*). Die Felder der Familie Bergmann sind der weltweit letzte Lebensraum, in dem die herrlich anzusehenden Wildblüher zahlreich in Erscheinung treten. Laut einer Notiz soll es sie noch vor 140 Jahren in der Gegend zwischen Prisser und Streetz massenhaft gegeben haben. Es wird davon ausgegangen, dass die Pflanze in dieser Region vor 5.000 Jahren erstmalig auftauchte. Durch die moderne Landwirtschaft, in der Pflanzenschutzmittel und tief grabende Pflüge zum Einsatz kommen, wurde sie jedoch fast gänzlich ausgerottet.

Nicht nur naturverbundende Menschen finden Gefallen an ihrer Erscheinung, sondern auch viele Tiere. Naturwissenschaftler haben nachgewiesen, dass die Artenvielfalt auf den naturbelassenen Feldern in Govelin besonders groß ist, sogar fast ausgestorbene Insekten- und Vogelarten werden dort wieder vermehrt gesichtet. Der unermüdliche Einsatz der Familie Bergmann für die Natur wird jedoch nicht von jedermann gewürdigt. Der Kampf um finanzielle Unterstützung bei Land und Bund ist mitunter zermürbend. Rückendeckung erhält die Familie jedoch von dem Wissenschaftler Fred Bos aus den Niederlanden, der seit zehn Jahren regelmäßig zur Blütezeit nach Govelin reist.

Er berichtet, dass die Feuerlilie in seinem Heimatland seit einigen Jahren ausgestorben sei. Dieser Verlust trifft die Holländer besonders, weil das Orange der Blüte die Nationalfarbe des Landes ist. Die Bemühungen, die Feuerlilie zurückzugewinnen, seien enorm, aber wohl vergebens.

Auf dem Feuerlilienpfad in Govelin bietet sich Ihnen die letzte Gelegenheit, den Anblick dieser und anderer selten gewordener Wildpflanzen zu genießen.

Adresse 29473 Göhrde-Govelin, Tel. 05862/7422, bergmann.govelin@web.de, www.lilienpfad.de | **Anfahrt** B 216, in Metzingen Richtung Hitzacker, nach 1 Kilometer nach Tollendorf abbiegen und nach 1 Kilometer links nach Govelin, zweimal rechts halten, Feuerlilienpfad im Ort in der Linkskurve auf der rechten und das Haus der Bergmanns ein paar Meter weiter auf der linken Seite | **Tipp** Auf dem Grundstück der Familie Bergmann befindet sich ein kleiner, interessanter Findlings-Lehrpfad. Bei Interesse wird um Anmeldung per Mail oder Telefon gebeten.

34 Der Glockenstuhl

Der letzte »Glöckner«

Pünktlich wie ein Maurer erscheint Gerhard Kleinecke an seinem Arbeitsplatz in Großwitzeetze. Er ist der letzte »Glöckner«, der einen der fünf in Lemgow existierenden Glockenstühle noch von Hand läutet. Zwei wurden bereits auf Elektroantrieb umgestellt, und die übrigen sind zwischenzeitlich verstummt – es findet sich niemand mehr, der das Amt des Läutwarts ausüben möchte. Obwohl Gerhard Kleinecke im Jahr 2018 bereits 80 Jahre alt wurde, denkt er der Tradition willen noch lange nicht ans Aufhören.

Die Glocke erklingt regelmäßig am Samstag um 18 Uhr – zur dunklen Jahreszeit eine Stunde eher – sowie am Sonntag um 9 Uhr, um die Gemeinde zum Gottesdienst einzuladen. Zu diesen Zeiten ist das Läuten zwei Minuten lang zu vernehmen. Ertönt der Klang außerplanmäßig, so deutet dies darauf hin, dass ein Mitglied der Dorfgemeinde gestorben ist. Bei einem Todesfall wird die Glocke nicht vom Läutwart selbst, sondern von dem Nachbarn des Verstorbenen geschlagen; und zwar am Folgetag um neun Uhr morgens, eine Stunde lang in Intervallen von zehn Minuten. Zwischendurch werden fünfminütige Pausen eingelegt. Zur Beerdigung, zu der meistens alle 100 Dorfbewohner erscheinen, wird nochmals geläutet. Die Tradition des Totenläutens wurde auch in anderen ländlichen Regionen bis heute bewahrt.

Die sechs bis sieben Meter hohen, eichenhölzernen Glockenstühle im Lemgow sind im Wendland einzigartig. Auch die sieben Kapellen sowie die »Hohe Kirche« sind einen Besuch wert. Nicht nur der Standort dieses Gotteshauses ist ungewöhnlich, weil er sich auf dem freien Land außerhalb der Ortschaft befindet, sondern auch die Architektur. Unterschiedliche Stilrichtungen von Romantik bis hin zum Barock finden sich darin wieder.

Alle christlichen Orte des Lemgows sind durch einen Radwanderweg miteinander verbunden. So kann man die bisher noch wenig touristisch erschlossene Region auf entspannte Weise erkunden.

Adresse Hauptstraße, 29485 Lemgow-Großwitzeetze | **Anfahrt** von Lüchow kommend aus von der B 248 nördlich von Lübbow abbiegen, der L 260 Richtung Arendsee bis Großwitzeetze folgen, der Glockenstuhl befindet sich auf der rechten Seite | **Tipp** In diesem Ort lebt der Geflügelzüchter Herbert Wohlfeil, der Hühner und Tauben züchtet. Er ist auch Vorsitzender des Lüchow-Dannenberger Rassegeflügelzuchtvereins.

35 Das versteckte Dorf

Urlaubsziel der Einheimischen

Es gibt im Wendland zahlreiche Dörfer, die fernab von Durchgangsstraßen liegen und die man gar nicht zu Gesicht bekommt, wenn man sie nicht gezielt ansteuert. Einer dieser Orte ist das 500 Jahre alte Gümse, nordöstlich von Dannenberg gelegen. Im Ortskern sind noch einige giebelständige Hallenhäuser aus dem 18. und 19. Jahrhundert erhalten geblieben.

Einer der Anziehungspunkte für die Menschen aus der Region ist im Sommer der Gümser See. An der Badestelle des ansonsten so ruhigen Ortes herrscht dann reger Betrieb. Das Gewässer dehnt sich über zwei Kilometer von Osten in Richtung Westen aus, misst an seiner breitesten Stelle aber gerade mal 85 Meter. Die lang gestreckte, schmale Form deutet darauf hin, dass es sich um einen ehemaligen Elbarm handelt.

Mehrere Künstler aus der Großstadt verlegten ihren Wohnsitz nach Gümse. Einer von ihnen ist der international bekannte Maler Uwe Bremer. Seit 1971 lebt er in einem Anwesen am nördlichen Ufer des Sees. Dieses Gebäude war einmal Teil eines herrschaftlichen Vorwerks, welches als »Schloss« bezeichnet wurde, es sind jedoch nur noch zwei Fachwerkhäuser erhalten geblieben. Einige Jahre nach Bremer verlegte auch das Künstlerkollektiv »Werkstatt Rixdorfer Drucke« seinen Sitz von Berlin in das wendländische Dorf.

Die Energieversorgung Gümses wird seit dem Jahr 2011 durch die Biogasanlage des Nachbardorfes Breese in der Marsch gewährleistet. Da der Atomstandort Gorleben nur einige Kilometer entfernt liegt und der Verladebahnhof für die Castorbehälter sich in unmittelbarer Nähe befindet, ist man in diesem Ort alternativen Energieformen gegenüber besonders aufgeschlossen. Als der Landwirt Axel Siemke seine Idee von einer Biogasanlage bei einer Dorfversammlung im Jahr 2005 vorstellte, stieß er auf große Begeisterung. Bereits zwei Jahre später konnte er sie in Betrieb nehmen und wenige Jahre später auch die Haushalte von Gümse mit versorgen.

Adresse 29451 Dannenberg-Gümse | Anfahrt von der B 191 südöstlich von Dannenberg links nach Breese in der Marsch, im Ort rechts abbiegen, nach 500 Metern links, nach weiteren 700 Metern erreichen Sie Gümse | Tipp Auf der anderen Seite des Sees liegt Seedorf, ein Ort, der einen Besuch wert ist. Es handelt sich um ein sogenanntes Wurtendorf, einen künstlich aufgeschütteten Siedlungshügel mit einheitlicher Bausubstanz.

36_Die Rückepferde

Ver-rückende Pferde leisten Schwerstarbeit

Mit wie vielen Beinen werden heutzutage Forstarbeiten ausgeführt? Auf acht Rädern! Mächtige Maschinen, Harvester – Holzvollernter mit 200 PS – fällen, zerteilen, entästen Bäume in einer Minute. Bis zu achträdrige Forwarder erledigen den Transport. Doch wie sieht der Wald aus, nachdem diese transformerartigen Wesen abgezogen sind?

Rückepferde erledigen solche Waldarbeiten sehr viel sanfter: Sie ziehen gefällte Bäume, »rücken« sie bis zu einem Weg, ohne andere zu beschädigen. Mit ihnen lassen sich Waldverjüngungen durch Pflügen und Einbringen von Baumsaaten durchführen, sogenannte Freisaat, eine lange Zeit vergessene Methode.

Für diese Tätigkeiten eignen sich am besten mittelschwere Kaltblüter, zum Beispiel der Rasse Boulonnais, eins – oder zwei im Gespann. Sie wiegen um die 900 Kilo, sind wendig und verfügen über ausreichend Zugkraft. Dirigent ist Kay Stolzenberg, deutlich leichter als seine tierischen Mitarbeiter. Seit vielen Jahren übt er den Beruf des Holzrückers aus, der Konzentration, Geschicklichkeit und Ausdauer erfordert. Bevor er sich dafür entschied, arbeitete er als Tischler, Waldarbeiter und trainierte Schlittenhunde. Er hat somit schon lange Erfahrung im Umgang mit Holz und mit Tieren. Seit acht Jahren lebt der Pferdeflüsterer im Wendland. Er hat bei der Gründung der Kommune Güstritz mitgewirkt und pflügt dort Gemüseäcker; mit seinen Vierbeinern, versteht sich.

Was vor 50 Jahren Alltag in der Forstarbeit war, ist heute eine Ausnahme. Die traditionelle Methode hat jedoch ihre Vorzüge, sie ist CO_2-neutral und verzichtet auf Diesel. Die Böden werden weniger beschädigt, und die Waldstruktur muss nicht maschinenkonform ausgerichtet werden. Rückepferde sind oft dort im Einsatz, wo auf Umwelt- und Naturschutz großer Wert gelegt wird, und darauf, Tradition sinnvoll fortzusetzen. Aufträge kommen von Förstereien und Naturschutzverbänden in ganz Norddeutschland.

Adresse wechselnde Einsatzorte, wenden Sie sich bitte an Kay Stolzenberg: Tel. 0172/8816816, www.kay-stolzenberg.de | **Anfahrt** von der B 248/B 493 Richtung Stadtmitte Lüchow, dann 5 Kilometer Richtung Clenze | **Tipp** Der sehenswerte nördliche Teil des Rundlings Güstritz bildet einen Dreiviertelkreis mit Vierständerhäusern. Das südliche Viertel wurde umgestaltet und als Zeile entlang der Durchfahrtstraße L 261 neu errichtet.

37_Die Wendland-Villa

Im Direktorenhaus ist das Haupt gut gebettet

An dieser einsamen Wegkreuzung zwischen Äckern würden Sie nie eine wunderschöne Jugendstilvilla mit einladendem Garten erwarten. So schaute auch Inga Grasnick verwundert auf, als sie im Jahr 2006 hier vorbeiradelte. Sie hielt am Schild »Zu verkaufen« und verliebte sich auf Anhieb in das Anwesen.

Das »Haus Wendland« wurde Anfang des 20. Jahrhunderts für den Direktor der Gewerkschaft Wendland gebaut. Dieses Unternehmen errichtete damals etwa zwei Kilometer südlich ein Kalibergwerk, das schon im Jahr 1922 wieder stillgelegt wurde. Die Schacht- und Werksanlagen erhoben sich damals markant in der flachen Landschaft, heute sind die Hinterlassenschaften nur schwer zu entdecken (siehe Kapitel 4).

Allein die Villa blieb bestehen. Von der Straße her fällt der halbrunde Altan ins Auge, zur Gartenseite liegt eine geschlossene Veranda. Vieles ist im ursprünglichen Zustand erhalten, so zum Beispiel die hochwertigen Holzvertäfelungen an den Innenwänden und eine beeindruckende Treppe, die mit dem Bergmannssymbol Schlägel und Eisen verziert ist.

Obwohl Inga Grasnick nicht mehr die Jüngste war, trennte sie sich von ihrem Haus in Berlin, um hier noch einmal neu zu beginnen. Ursprünglich sollte eine Alters-Wohngemeinschaft entstehen. Dann kam ihr die Idee, eine Frühstückspension zu eröffnen. Und um das Haus weiter mit Leben zu füllen, wurden Lesungen und Konzerte angeboten. Damit endlich verwirklichte sie sich einen früheren Lebenstraum. Inzwischen führt die Tochter das Haus. Es ist während der Kulturellen Landpartie (KLP) einer der bestbesuchten Veranstaltungsorte mit Musikprogramm, Ausstellungen und einem legendären Pizzastand, vor dem sich lange Schlangen bilden.

Sollten Sie außerhalb der KLP einmal an dieser ruhig inmitten der Felder gelegenen Villa vorbeikommen und gerade auf der Suche nach einer guten Übernachtungsmöglichkeit sein: Hier liegen Sie richtig!

Adresse Villa Wendland, Schwarzer Weg 5, 29462 Wustrow-Güstritz, Tel. 05843/6309822, E-Mail: k.grasnick@gmx.de, www.villa-wendland.de | **Anfahrt** von der B 248/B 493 Richtung Stadtmitte Lüchow, dann 5,5 Kilometer Richtung Clenze, in Güstritz in den Schwarzen Weg einbiegen, noch 1.400 Meter bis zum Anwesen | **Tipp** Von der Villa 500 Meter nach Süden, dann links, nach 200 Metern rechts, von dort einen Kilometer südlich befinden sich rechts vom Weg, kurz vor der Wustrower Dumme, Reste der Schachtanlagen der Gewerkschaft Wendland (Betreten verboten!).

38 Das älteste Theater

Einmal durch die rosa Brille geschaut

Sechs ältere Damen aus der Großstadt träumen davon, ihren Lebensabend im seniorenfreundlichen Hitzacker zu verbringen. In der Hoffnung auf eine sorglose Zukunft lassen sie die aufwendige Aufnahmeprozedur über sich ergehen. Erst als sie bereits in rosa Kitteln stecken und die Welt nur noch durch rosa Brillen sehen, wird ihnen bewusst, dass sie in eine Falle geraten sind. Im letzten Moment ziehen sie die Reißleine und nehmen ihre Lebensplanung wieder selbst in die Hand.

Wir sehen Szenen aus dem multimedialen Stück »Heimsuchung« des »ältesten Theaters des Wendlands«. Das Besondere am Ensemble ist, dass fast alle Mitspielerinnen jenseits der 70 sind. Die älteste Darstellerin ist im Jahr 2018 bereits 90 Jahre alt geworden. Nur die beiden Männer im Team sind jünger.

Gegründet wurde die Theatergruppe im Jahr 2007 anlässlich der 750-Jahr-Feier der Stadt Hitzacker. Die Regisseurin Ursula Pehlke, die das Team bis heute leitet, wurde gebeten, einen kulturellen Beitrag zu diesem Jubiläum beizusteuern.

Unter dem Motto »zehn mal 75 Jahre geballte Weisheit« trommelte sie ein Seniorinnenteam zusammen und inszenierte ihr erstes Theaterstück. Eigentlich sollte der Auftritt eine einmalige Aktion bleiben, da aber alle Teilnehmer sehr großen Spaß hatten, blieb die Gruppe weiter bestehen.

Nicht nur das Alter der Darstellerinnen ist bemerkenswert. Das Ensemble zeichnet sich auch dadurch aus, dass es keine bekannten Werke nachspielt, sondern eigene produziert. Alle Mitglieder sind an der Entstehung eines neuen Stückes beteiligt. Es werden regionale Themen aufgegriffen und solche, die die ältere Generation betreffen. Nachdem alle Ideen gesammelt sind, schreibt der Ehemann von Ursula Pehlke das Skript inklusive der Regieanweisungen. Die Aufführungen des ältesten Theaters des Wendlands sind stets ein großer Spaß für Akteure und Publikum zugleich.

Adresse Kulturbahnhof, Am Bahnhof 6, 29456 Hitzacker, Tel. 05862/985079 | **Anfahrt** von der B 216 bei Metzingen 5 Kilometer Richtung Hitzacker, dort den Hinweisschildern zum Bahnhof folgen | **Öffnungszeiten** Programm auf der Homepage | **Tipp** Außer dem Theater finden im Kulturbahnhof noch andere Veranstaltungen statt. Das Programm entnehmen Sie der Homepage www.kuba-ev.de.

39__Das Dorf der Zukunft

Gemeinschaft im Rundling, neu interpretiert

Bei Hitzacker entsteht ein innovatives Dorfprojekt! Oder ein neues Stück Vorstadt?

Vorhaben wie dieses beginnen mit Utopien vom harmonischen menschlichen Miteinander, mit inspirierenden Ideen, klugen Köpfen und einem griffigen Motto. Bei diesem Projekt knüpft man zudem an Erfahrungen aus der Arbeit mit Geflüchteten an, die mit der Flüchtlingswelle 2015 ins ferne Hitzacker kamen. So soll dieses Vorstadtdorf auf fünfeinhalb Hektar Ackerfläche ein Neubeginn werden für 300 Menschen: je ein Drittel jüngere Menschen, Ältere und Geflüchtete, mit baubiologischen Häusern in genossenschaftlichem Eigentum zu bezahlbaren Mieten.

Das räumliche Konzept lehnt sich ein wenig an die regionstypischen Rundlinge an. Wohnen und Arbeiten, Freizeit, Ernährung, Pflege und Kunst sollen basisdemokratisch, selbst organisiert, nachhaltig und interkulturell miteinander verzahnt werden. Viele Überlegungen erinnern an die Transition-Town-Philosophie. Die Vernetzung ist wendlandweit gedacht, als Kooperation mit vielen anderen Projekten und Initiativen. Bezug genommen wird daher eher auf den soziokulturellen Erfahrungs- und Einfallsreichtum dieser Region als auf das kurstädtische Flair Hitzackers. Zu diesem wird das »Dorf« räumlich gehören, getrennt nur durch die Bahnlinie. Die Bahn ist eine gute Verbindung zu den nicht zu fernen größeren Städten wie zum Beispiel Hamburg. Gerade dort gibt es Wohnprojekte in großer Zahl und potenzielle Zielgruppen, die schon immer vom idealen Leben in einem Dorf – bei einer Stadt – träumten.

Wie weit sind sie schon? Eine Genossenschaft wurde gegründet, über hundert Mitglieder haben Anteile gezeichnet. Der erste Bauabschnitt ist fertig geplant, und 80 Bewohner haben sich ihre Häuser ausgesucht, eine erste Baugenehmigung wurde erteilt. Jetzt geht es also bald los! Bis zur Fertigstellung können Sie das Entstehen dieses spannenden Projekts und den Baufortschritt beobachten.

Adresse Sarensecker Weg, 29456 Hitzacker, www.hitzacker-dorf.de | **Anfahrt** von der B 216 bei Metzingen 5 Kilometer Richtung Hitzacker, dort den Hinweisschildern zum Bahnhof folgen, auf der Straße Am Bahnhof zur Gleisüberführung, hinter dieser links in den Sarensecker Weg | **Öffnungszeiten** jederzeit, Informationen zum Projekt erhalten Sie im Kulturbahnhof Hitzacker (siehe Kapitel 38, Di 15–17 Uhr) | **Tipp** Ein rekonstruiertes Dorf aus der Bronzezeit kann man im Archäologischen Zentrum Hitzacker, Elbuferstraße 2–4 besichtigen und prähistorische Techniken erproben (www.archaeo-zentrum.de).

40_Der Elbhöhenspazierweg

Stadt – Weinberg – Fluss

Zwei eiszeitlich geformte Landschaften treffen im Stadtgebiet von Hitzacker zusammen: der Höhenzug des Drawehn, mit der sich bis Neu Darchau erstreckenden Klötzie, und das Elbe-Urstromtal. Hohe, bewaldete Steilhänge gehen in die weite Elbauenlandschaft über. Sie dehnt sich mit ihren Baumgruppen, Weiden und Marschendörfern bis Neuhaus auf der anderen Elbseite. Dieses Gebiet wurde im Jahre 2002 zum Biosphärenreservat Niedersächsische Elbtalaue erklärt.

Während einer zweistündigen Wanderung sind alle diese Landschaftstypen, die hier dicht beieinanderliegen, erlebbar. Zudem befindet sich das Mündungsgebiet der Jeetzel in Hitzacker. Sie umfließt die Altstadtinsel und mündet kurz darauf in die Elbe.

Unser Spaziergang beginnt am Hidosteg, der westlich der Altstadt über den Fluss führt. Über zwei Treppen gelangt man empor zu einer Anhöhe. Oben auf dem Plateau bietet sich ein grandioser Panoramablick auf Altstadt und Elbniederung. Ein Stück weiter sind die Reste einer ehemaligen Burganlage mit slawischen Ursprüngen erkennbar. Und dahinter liegt tatsächlich ein Weinberg, einer der nördlichsten in Deutschland, mit 99 Reben. Unterhalb verläuft nach rechts die Straße Weinbergsweg zum Kulturzentrum Verdo. Hier erklingen zweimal jährlich die Konzerte der »Musikwoche Hitzacker«. Hinter dem Verdo orientieren Sie sich an der Wegemarkierung »E«. Dieser Pfad tangiert mehrere Aussichtspunkte, schlängelt sich durch den Wald und führt auch mal tiefer hinein zur Wolfsschlucht. Wandern Sie weiter bis zum Klärwerk und beginnen am Fuß des Höhenzugs den Rückweg. 400 Meter hinter der Wolfsschlucht zweigt ein schöner Wiesenweg nach links ab und verläuft zwischen der Alten Jeetzel und der Elbe bis zum Ausgangspunkt.

Der Blick über die Wiesen unterhalb der Klötzie, auf die beiden Flüsse und auf den Steilhang ist eines der Highlights dieser abwechslungsreichen Tour.

Adresse Hidosteg, beim Fischergang / Ecke Jeetzelufer, 29456 Hitzacker, der mit »E« markierte Wegabschnitt gehört zum Wendlandrundweg, www.wendland-rundweg.de | Anfahrt von der B 216 bei Metzingen 5 Kilometer Richtung Hitzacker, dort Richtung Altstadt, dann an der Jeetzel entlang | Tipp Der Weg zum Plateau führt am Standort der ehemaligen sagenhaften Riesenkastanie vorbei und zur aufragenden »Himmelsrutsche« bei den Weinbergterrassen. Die Skulptur ist ein Kunstwerk von Astrid Clasen und U.S. Kiefen, einem Künstlerehepaar aus dem Wendland.

41_Die Fahrradvasen-Töpferei

Vom Wendland bis zum Weltenrand

Sie sind auf der Suche nach einem originellen Souvenir? Wie wäre es mit einer Fahrradvase? Claus Wöckener, Inhaber der Töpferei WöckworX, erfand dieses ungewöhnliche Produkt eher nebenbei. Dennoch wurde es zum Aushängeschild seiner Künstlerwerkstatt.

Es geschah an einem Tag im Jahr 2005. Durch eine leichte Unachtsamkeit fiel eine der frisch geformten Kugelvasen vom Brett. Das Werk wurde durch den Aufschlag stark beschädigt und hatte an Standhaftigkeit eingebüßt. Eigentlich war es ruiniert, aber der Künstler ahnte bereits damals, dass in dem misslungenen Stück doch noch Potenzial steckte. Zuerst wurde daraus eine Wandvase, die später zu einer Fahrradvase umfunktioniert wurde.

Bevor das originelle Blumengefäß in Serienproduktion ging, vergingen einige Jahre. Erst als der Töpfer 2012 eine Ladenwerkstatt im Stadtzentrum von Hitzacker eröffnete, nahm er es mit ins Sortiment. Zu seiner ökologisch bewussten Haltung passt dieser Artikel perfekt, denn sein Motto lautet: »Lieber Blumen als Kilometer pflücken!«

Wenn der Fahrradvasenerfinder nicht die Töpferscheibe dreht, zieht es ihn in die Natur. Seit über 25 Jahren nimmt er an Expeditionen bis hin zum Polarkreis teil. Auch das heimatliche Biosphärenreservat liegt ihm sehr am Herzen. Morgens in der Früh, wenn alle anderen noch schlafen, ist er als Ornithologe unterwegs, um die Vogelbestände zu überprüfen.

Bei einer Elbtour mit dem Kanu entdeckte er von Bibern abgenagte Holzstöckchen, die ihn zu einer erneuten Erfindung inspirierten. Aus den von den Nagern bearbeiteten »Rohlingen« fertigt er Bleistifte an.

Man kann den Tonkünstler und Naturexperten in seinem auf der Altstadtinsel gelegenen Werkstattladen besuchen, ihm bei der Entstehung seiner Fahrradvasen über die Schulter schauen und dabei den Geschichten aus seinem abenteuerlichen und abwechslungsreichen Leben lauschen.

Adresse WöckworX, Am Markt 8, 29456 Hitzacker, Tel. 05862/9439667, www.fahrradvase.de | **Anfahrt** von der B 216 bei Metzingen 5 Kilometer Richtung Hitzacker, dort über die Lüneburger Straße und die Drawehnertorstraße in die Altstadt | **Öffnungszeiten** Di – Sa 10 – 18 Uhr, So 11 – 18 Uhr | **Tipp** Zur KLP werden im Innenhof des Wohnhauses des Allrounders Töpferkurse und Livekonzerte angeboten. Außerdem wird dort der Ausgangspunkt für seine naturkundlichen Wanderungen sein. Informationen über das Angebot erhalten Sie im Werkstattladen.

42 Der geheime Ort

Schnitzeljagd für Erwachsene

Sie sind ein Highlight für alle Lost-Places-Fans: die verbliebenen Überreste von Benzin- und Schmierstofflagern sowie einem Bunker im Wald am Rande von Hitzacker. Die »Wirtschaftliche Forschungsgesellschaft« (WiFo), die mit der Beschaffung von Rohstoffreserven beauftragt war, um die Kriegsmaschinerie des Dritten Reiches am Laufen zu halten, hatte diese Anlage in den Elbhang hineinbauen lassen. Unter der Aufsicht der nationalsozialistischen Wehrmacht wurde sie im Zeitraum von 1936 bis 1938 von 400 bis 500 Zwangsarbeitern errichtet. Knapp 270 Angestellte waren dort in der Technik, Verwaltung oder als Wachpersonal beschäftigt.

Die Fläche erstreckt sich über ein Areal von 460 Hektar. Es gab drei Lagerungsbereiche für Treibstoff, Öl und Sonderkraftstoffe, ein ausgedehntes Straßen- und Schienennetz sowie ein Rohrsystem, dazu viele kleinere Gebäude, darunter auch ein Lokschuppen. Die Tanks wurden in Gruppen angeordnet. Der oberirdische Teil der Konstruktion aus Eisen und Stahlbeton wurde zur Tarnung mit Erde überschüttet und bepflanzt. Die Alliierten bombardierten die Anlage mehrmals, wobei Schienen sowie Bereiche der Öl- und Benzintanks zerstört wurden. In Berichten der britischen Alliierten ist dokumentiert, dass vielerorts nicht detonierte Zerstörungsladungen montiert waren. Dem Feind sollte nichts in die Hände fallen.

Die Spuren dieses einst äußerst beeindruckenden Sonderstofflagers sind nicht leicht zu finden. Um dennoch einige Plätze aufzuspüren, ohne im Wald verloren zu gehen, empfiehlt es sich, bereits vor dem Ausflug eine Karte aus dem Internet auszudrucken. Da der Handyempfang im Wald unterbrochen sein kann, sollte man sich nicht allein auf das Navisystem verlassen. Die Tour ist nicht ganz ungefährlich. Tipps können Sie bei dem Leiter des Museums in Hitzacker, Klaus Lehmann, bekommen, der sich bereits intensiver mit diesem Ort befasst hat.

Adresse ehemaliges WiFo-Tanklagergelände, Am Elbdeich, 29456 Hitzacker | **Anfahrt** von der B 216 bei Metzingen 5 Kilometer Richtung Hitzacker, hinter der Bahnunterführung der Lüneburger Straße 800 Meter folgen, in die Gelderländer Straße abbiegen, nach 2 Kilometern kurviger Straße auf dem auf der linken Seite unauffällig gelegenen Parkplatz halten, ein Stück in den Wald hineinlaufen, an der 1. Wegkreuzung nach rechts und gleich wieder rechts | **Tipp** Auf dem Rückweg zum Zentrum geht links die Straße Schützenweg ab, die zum Kurpark führt. Auf der rechten Seite sehen Sie einen kleinen, fein angelegten Wild- und Findlingspark.

43_Das erste Sibyllenbad

Blick in die Zukunft – Endzeitstimmung am Kurbad

Eine unglaubliche Welt versteckt sich gleich hinter dem 1996 eröffneten Sibyllenbad. Mitten in einem undurchdringlichen Wald erhebt sich eine gewaltige Bauruine. Mehrstöckige Hallen mit verwinkelten Räumen stehen neben meterhohen Betonsäulen. Armierungseisen ragen wild in die Luft. Graffiti zieren die Wände. Ein Baukomplex erinnert an ein Apartmenthaus. Drei Stockwerke mit gleichartigen Räumen, die man heute mit »herrlichem Waldblick« bewerben könnte. Wie in einem Endzeitthriller, in dem die Reste einer Megacity von der Natur zurückerobert werden.

Wir erforschen die einst größte Baustelle Bayerns. Hier sollte 1971 nach dem Fund zweier Heilquellen ein Bad samt Kurviertel errichtet werden – ein Bäderzentrum, das den Weltruhm der benachbarten böhmischen Bäderorte in den Westen tragen sollte. Doch bereits ein Jahr später platzte der Traum, als plötzlich keine Finanzmittel mehr zur Verfügung standen.

Benannt wurde es nach der um 1570 in Böhmen geborenen Seherin Michalda Weiß, die als »Sibylle von Prag« bekannt wurde. Sie machte Vorhersagen bis ins 3. Jahrtausend. Über unsere Zeit sagte sie: »… seltsame Menschen bevölkern die Welt. Niemand ist wahrhaft glücklich. Die Natur wird geschändet, und der menschliche Geist fühlt sich über das Weltall erhaben.« Dass das erste Bauvorhaben scheiterte, mag an den »seltsamen«, vom Größenwahn getriebenen Menschen liegen. Die geschändete Natur ist heute bereits sichtbar an den insektenlosen Agrarwüsten und den Baumplantagen, die wir als Wald kennen. Sie spricht von heißen Jahren und Dürrekatastrophen und von großen Bränden. Dann naht das Ende. Die Städte liegen in Trümmern, wie das alte Sibyllenbad, und die Natur holt sich zurück, was ihr gehört.

Doch was meinte sie nur mit: »Ich sehe Menschen, die ein kleines kantiges Ding in ihren Händen halten. Es gibt ihnen Auskunft über alles, was sie zu wissen begehren.«?

Liebe Leser,

auf Seite 94 hat sich ein falscher Text eingeschlichen. Die Bücher der 111-Orte-Reihe durchlaufen mehrere Korrekturdurchgänge, und trotzdem passieren Fehler – wie leider in diesem Band. Das richtige Kapitel legen wir hiermit bei.
Wir bitten Sie, diesen Umstand zu entschuldigen, und hoffen, dass wir damit Ihre Freude an den »111 Orten im Wendland« nicht zu sehr trüben.

Die Redaktion der 111 Orte

43 Die Hochwasser-schutzanlage

Kampf gegen die Naturgewalt

Immer wieder wurde die Stadt Hitzacker von verheerenden Hochwasserkatastrophen heimgesucht. Seit den 1870er Jahren werden in der Stadt die Pegelstände aufgezeichnet. Seit dieser Zeit wurde die Altstadt insgesamt 20-mal überflutet. Aus diesem Grunde erhielt sie eine neue Schutzanlage, die nach zweijähriger Bauzeit im Oktober 2008 feierlich eingeweiht wurde. Mehr als 30 Millionen Euro wurden in ein Schöpfwerk, ein Siel sowie eine Hochwasserschutzwand investiert. Mit diesen Sicherheitsmaßnahmen soll die Stadt für die folgenden Jahrhundertfluten gewappnet sein.

An der Wand des Schöpfwerks gibt es eine Tafel aus Edelstahl, an der man die Hochwasserpegel der Überflutungen ablesen kann. Das Werk stammt von der Bildhauerin Barbara Westphal.

Im Falle eines Hochwassers kommen die drei Kreiselpumpen des Schöpfwerks zum Einsatz und transportieren Wasser aus der Jeetzel in die Elbe. Sie schaffen bis zu 60 Kubikmeter pro Sekunde. Der Deich wurde um eine 938 Meter lange und 1,20 Meter hohe Spundwand erhöht. Diese kann durch mobile Aluminiumteile im Stadtzentrum aufgestockt werden und bietet Schutz bis zu einem Wasserstand von 8,95 Metern. Das bisherige Rekordhochwasser von 2013 betrug 8,15 Meter. Somit ist also noch ein bisschen Luft nach oben. Ein Restrisiko besteht dennoch, weil mitgerissenes Treibgut durch die hohe Fließgeschwindigkeit die Schutzwand beschädigen könnte. Bei den beiden letzten »Jahrhundertfluten« in den Jahren 2011 und 2013 blieb die Altstadt trocken, somit hat sich der neue Hochwasserschutz bereits bewährt. Die Aufzeichnungen belegen jedoch auch, dass die Abstände, in denen die Elbe über das Ufer tritt, immer kürzer und die Messstände immer höher wurden. Eine Tatsache, die alles andere als beruhigend ist. Da kann man nur hoffen, dass die Anlage auch in Zukunft ihre Aufgabe erfüllen kann.

Adresse Marschtorstraße 10, 29456 Hitzacker | **Anfahrt** von der B 216 bei Metzingen 5 Kilometer Richtung Hitzacker, hinter der Bahnunterführung der Lüneburger Straße und weiter der Elbuferstraße folgen, aus der Stadt und über die Jeetzel fahren, hinter dem Fluss links auf den Parkplatz abbiegen, dahinter liegt das Schöpfwerk | **Tipp** Neben der St.-Johannis-Kirche finden Sie das Veranstaltungshaus »Alte Sargtischlerei«. Während der KLP gibt es dort ein vielfältiges Programm (Öffnungszeiten auf www.alte-sargtischlerei.de).

44 Das Sofa-Floß

Heute ist mein Fernseher die Natur rundum

Welche Ruhe, was für ein Himmel und welches Naturschauspiel! Man sitzt entspannt auf einem voluminösen Sofa, der Schiffsmotor tuckert nicht mehr, und der Frühstückstisch ist gedeckt.

Frühmorgens ab Hitzacker über die Elbe gleiten, die Weite der Landschaft genießen und schon von ferne sichtbare Lastschiffe beobachten, wie sie geruhsam der mäandrierenden Fahrrinne folgend im Zickzackkurs den Fluss entlangziehen. Der mächtige Strom verändert beständig das Bett, in dem er fließt, und damit die Fahrrinne. Daher müssen die Landmarken, auf die die Kähne zufahren, ständig nachjustiert werden.

All das und mehr erfährt man auf dem Sofa-Floß »Herzogin Dorothea«. Dessen Kapitän, ein Mitarbeiter vom Museum im Alten Zollhaus Hitzacker, erklärt die Landschaftsräume Elbe und ihren Nebenarm Jeetzel, und die Historie des Flusses, der bis 1990 Hoheitsgrenze zwischen Ost- und Westdeutschland war. Die Frage, ob diese Grenze in der Flussmitte verläuft oder am Ostufer, hat damals immer wieder zu Streit geführt und zu Aktionen der Volkspolizei der DDR. Themen sind auch die Herausforderungen durch die jährlichen Hochwasser für die Region, die den Bau beeindruckender Schutzanlagen zur Folge hatten (siehe Kapitel 43), sowie Planungen für Rückdeichungen, um der heranströmenden Flut mehr Raum zu geben und den Wasserpegel zu senken. Auch die belebte Natur, Vögel und Fische, wird thematisiert und die Biberbauten, die sich vom Floß aus entdecken lassen.

Die morgendliche Fahrt hat die Frische des beginnenden Tages, mit Nebel auf dem Wasser, der sich langsam verzieht. Auch abendliche Ausflüge werden angeboten, die manchmal von stimmungsvollen Sonnenuntergängen begleitet werden, Touren mit dem Wasserexperten Dr. Erich Bäuerle oder romantische Törns bei Mondschein.

Anschließend können Sie das erwähnte Museum kostenlos besuchen und das Gesehene, vor allem zu den Themen Grenzen, Geschichte und Natur, vertiefen.

Adresse Buchung der Touren und Treffpunkt im Museum im Alten Zollhaus, Zollstraße 2, 29456 Hitzacker, Tel. 05862/8838, oder mittels Kontaktformular auf www.museum-hitzacker.de | Anfahrt von der B 216 bei Metzingen 5 Kilometer Richtung Hitzacker, das Museum liegt zentral in der Altstadt | Öffnungszeiten Museum: März–Okt. Di–So und feiertags 10–17 Uhr | Tipp Eine Wasser-Klangschale von Dr. Erich Bäuerle zum Ausprobieren finden Sie auf der Prinz-Claus-Promenade nördlich der Altstadt.

45_Der Funkturm

Verbindungen ins eingeschlossene West-Berlin

Direkt unter dem Funkturm Gartow 2 ist es unheimlich. Rot-weißes Stahlfachwerk türmt sich 344 Meter hoch, in ihm heult der Wind. Armdicke Pardunen – Seilabspannungen – enden in dicken Betonklötzen. Ob das wohl hält?

Am 20. August 2009 wurde der 324 Meter hohe Funkturm Gartow 1 gesprengt, 46 Jahre nach seiner Errichtung. Drei Kilogramm Sprengstoff Semtex Razor kappten acht der 24 Pardunen, die anderen zogen den Turm in die vorgesehene Fallrichtung. 1.001 Tonnen Stahlfachwerk und 5.900 Meter Seile stürzten langsam zu Boden. Dies war das Ende eines standhaften Vermittlers.

Gartow 2 wurde im Jahr 1978 zur Erweiterung der Kapazitäten errichtet. Die beiden Türme bewältigten während des Kalten Krieges mittels Richtfunk mehr als zwei Drittel aller Telefongespräche zwischen Westdeutschland und West-Berlin, damals inselartig gelegen in der DDR. Von ihnen wurden auch Fernsehprogramme in die »Ostzone« ausgestrahlt. Nach dem Fall der Mauer konnten in Ostdeutschland Glasfaserkabel verlegt werden, die Richtfunktechnik war nicht mehr erforderlich. Der Funkturm Gartow 2 strahlt heute UKW-Programme aus und dient meteorologischen Untersuchungen.

Nicht nur Funkverbindungen verliefen über den Höhbeck, sondern auch einer von drei jeweils 32 Kilometer breiten Luftkorridoren zwischen Westdeutschland und West-Berlin. Von existenzieller Bedeutung wurden sie während der Berlinblockade vom 24. Juni 1948 bis 12. Mai 1949. Die sowjetische Besatzungsmacht hatte alle Land- und Wasserwege durch die Ostzone in die Großstadt gesperrt, die nun nur noch aus der Luft versorgt werden konnte. 462 Tage dauerte die Luftbrücke, Tausende Transportflugzeuge, Rosinenbomber genannt, die in fünf Ebenen übereinanderflogen, brachten Millionen Tonnen Lebensmittel und im Winter Kohle in die eingeschlossene Stadt.

Ein Orientierungsfeuer auf dem Höhbeck wies den Weg, kurz vor der Zonengrenze.

Adresse Funkstelle 1, 29478 Höhbeck | **Anfahrt** von der B 493 bei Gartow Richtung Brünkendorf, dort in der Ortsdurchfahrt in der Kurve dem Schild »Funkstelle« 2 Kilometer den Berg hinauf folgen | **Öffnungszeiten** Außenbesichtigung jederzeit | **Tipp** Die Anlagen des Funkturms befinden sich zum Teil auf dem Gelände des Landschaftspflegehofs Höhbeck (siehe Kapitel 46). Skulpturen, Zeichnungen und Gemälde des Künstlers Werner Götz sind in einem Bunker auf dem Gelände untergebracht. Alljährlich zur KLP kann das Depot besichtigt werden, wie auch die technischen Anlagen der ehemaligen Funkstation.

46__Der Höhbeck

Rendezvous mit dem Sensenmann

Auf den ersten Blick mag die Bepflanzung des bis zu 76 Meter über null hinausragenden Höhbecks wenig spektakulär erscheinen. Jede Menge Maisfelder säumen die Wege, die zum Hochplateau führen. Bei genauer Betrachtung lässt sich jedoch die Vielfalt der Vegetation erkennen. Nachweislich gibt es auf dem Hügel derzeit 720 Pflanzenarten, doppelt so viele, wie sie in anderen Naturlandschaften auf gleicher Fläche vorkommen.

Da der Höhbeck während der letzten Eiszeit aus einer Moräne entstand, ist die Beschaffenheit seines Bodens vielfältig und bietet optimale Bedingungen zum Gedeihen unterschiedlichster Pflanzen. Zudem wird ihm, bis auf den anfangs erwähnten »Schandfleck«, eine besonders umweltschonende Kultivierung zuteil. Dies ist auch Stefan Reinsch zu verdanken, seit 2014 Leiter des örtlichen Landschaftspflegehofs. Er hat sich auf eine fast in Vergessenheit geratene Methode besonnen und stutzt Streuobst- und Blühwiesen lediglich mit einer Sense. Motorisiertes Gerät kommt nicht zum Einsatz. Deshalb wird er gern auch als »Der Sensenmann« bezeichnet. Es wird nur in Teilabschnitten gemäht, um den Insekten nicht ihren Lebensraum zu entziehen. Diese Methode kommt nicht nur der Natur, sondern auch dem Menschen zugute. Denn mit dem richtigen Werkzeug und entsprechender Technik ist die Bewegung gesund und schon beinahe meditativ. Wer Lust hat, selbst einmal eine Sense in die Hand zu nehmen, kann an einem der regelmäßig angebotenen Kurse teilnehmen.

Mehr über Flora und Fauna dieses Gebietes erfährt man bei einer naturkundlichen Führung über die Streuobst- und Blühwiesen, die mehrmals im Jahr, ebenfalls von Stefan Reinsch, in Kooperation mit dem BUND, der Loki-Schmidt-Stiftung und anderen durchgeführt werden. Diese Tour führt zu hinter Bäumen und Büschen versteckt liegenden bunten Wiesen, die auf eigene Faust jedoch nicht betreten werden sollten.

Adresse Landschaftspflegehof Höhbeck, Funkstelle 1, 29478 Höhbeck, Tel. 05846/980366, E-Mail: stefan.reinsch@pevestorf.de, www.artenreich-hoehbeck.de | **Anfahrt** von der B 493 bei Gartow Richtung Brünkendorf, dort in der Ortsdurchfahrt in der Kurve dem Schild »Funkstelle« 2 Kilometer den Berg hinauf folgen | **Tipp** Ende Juni schwirren am Fuße des Höhbecks, beispielsweise in der Fährstraße in Pevestorf in der Nähe der Büsche, Tausende Glühwürmchen durch die Luft. Ein Naturspektakel, das man nur noch selten zu sehen bekommt.

47 Der Windradhügel

Ein Stern ist aufgegangen

Der 8. Mai 1996 ist in die Geschichte des atomaren Widerstandes eingegangen. Zum ersten Mal erreichte ein Castor-Transport das Zwischenlager Gorleben. Für die Gegner sollte es an diesem traurigen Tag dennoch einen Lichtblick geben. Denn gerade als die Demonstranten von den Auseinandersetzungen mit der Polizei erschöpft und von den Wasserwerfern völlig durchnässt von ihrer Blockade zurückkehrten, nahm die erste Windkraftanlange im Wendland ihren Dienst auf und begann ihre Flügel zu drehen.

Der Pionier dieser natürlichen Energielieferanten wurde auf den Namen Wendolina getauft und hatte einen großen symbolischen Wert für die Region. Die örtliche Tageszeitung schrieb damals: »Das Wendland hat ein neues Wahrzeichen.« Schon bald kamen weitere Windräder im Landkreis hinzu. Auf dem Jeetzeler Berg gesellen sich zu Wendolina noch drei weitere alternative Stromerzeuger. Es handelt sich dabei um ein regionales Beteiligungsprojekt von »WendlandWind«, an dem sich heute über 250 Kommanditisten finanziell und mit persönlichem Engagement beteiligen.

Das erste Windrad kann nicht nur von unten als Koloss in der Landschaft bestaunt, sondern auch bestiegen werden. Der Förderverein »Erneuerbare Energien und Energiesparen im Wendland« bietet Führungen an. Wer sich körperlich fit fühlt und schwindelfrei ist, kann die Anlage über 158 Sprossen besteigen. In luftiger Höhe kann man dann einen Blick auf die Technik werfen und die Sicht über den Drawehn und die Elbe genießen. Darüber hinaus werden die Teilnehmer über das Für und Wider der Windenergie umfassend informiert.

Eine der ersten Mitinitiatorinnen des Projekts vor über 30 Jahren war Gudrun Scharmer, die auch Vorsitzende der »Rechtshilfegruppe Gorleben« war (Vorsitz von 1978 bis 1998). Den Startschuss kommentierte sie mit den Worten: »Unser Kreuz steht in Gorleben – unser Stern auf dem Jeetzeler Berg.«

Adresse Jeetzeler Berg, 29439 Lüchow-Jeetzel | Anfahrt von der B 248/B 493 Richtung Stadtmitte Lüchow, dann 2 Kilometer Richtung Wustrow, in Jeetzel führt ein Weg nach rechts hoch zum Jeetzeler Berg | Öffnungszeiten Informationen über Führungen: Förderverein für Erneuerbare Energien und Energiesparen im Wendland, Wenden-Energie e.V., Dieter Schaarschmidt, Tel. 05843/444, E-Mail: info@wendenenergie.de | Tipp Auf dem Weg zu den Windrädern kommen Sie an einem großen Findling vorbei, auf dem »Totenweg« geschrieben steht (siehe Kapitel 67).

48_Die Wassermühle

Sie klappert am schönsten

Märchen, Sagen und romantische Vorstellungen ranken sich um Mühlen. Historiker sagen, sie gehörten zu den ältesten Maschinen der Menschheit. Rund 1.400 solche Anlagen zählt eine Datenbank für Niedersachsen. Ins Wendland sind sie möglicherweise mit den deutschen Rittern gekommen, aber erst ab dem 13. Jahrhundert wurden sie urkundlich erwähnt. Mühlen zerkleinern, zerreiben Getreide, Öl- und Senfsaaten oder dienten der Flachs- oder Lederbearbeitung. Mit Wasserkraft betriebene Mahlwerke nutzten das Gefälle der Bäche des Drawehn-Höhenzugs, der nach Osten und Norden zu den Flüssen Dumme, Jeetzel und Elbe hin abfällt. Anlagen, welche die Windkraft nutzten, standen hauptsächlich östlich der Jeetzel in der Marsch.

Seit mehr als 500 Jahren steht eine Wassermühle am Nordrand des Rundlings Jiggel, unmittelbar an einer immer noch begehbaren Furt. Nach den Anlagen in Proitze, Schnega, Oldendorf, Wöhningen und Brüchau nutzt diese das letzte nennenswerte Gefälle des Schnegaer Mühlenbachs, welcher der Dumme-Niederung zufließt. Selten wird man ein so geschlossenes und gut erhaltenes Mühlenensemble finden wie hier. Die Hofanlage besteht aus der Getreidemühle mit Wohn- und Backhaus aus dem frühen 18. Jahrhundert. Ölmühle, Stall und Scheune sind etwa hundert Jahre älter. Zwei mittelschlägige, das heißt seitlich in Höhe der Welle mit Wasser beaufschlagte Holzräder trieben einst die Mahlwerke an. Sie wurden 1948 durch zwei Turbinen ersetzt. 1963, im Zuge des allgemeinen Mühlensterbens, wurde der Betrieb eingestellt. Das Gebäude der Ölmühle wurde 1998 renoviert und mit einem neuen Wasserrad ausgestattet, das unterschlägig angetrieben wird. Heute wird die Hofanlage als Wohn- und Feriendomizil genutzt.

Zwölf Wasser- und eine Windmühle stehen entlang der Niedersächsischen Mühlenstraße im Wendland, oft in idyllischer Umgebung. Eine der schönsten klappert in Jiggel!

Adresse Jiggel 9, 29468 Bergen-Jiggel | Anfahrt von der B 71 in Bergen Richtung Clenze, nach 2 Kilometern in Jiggel die 1. rechts in den Rundling fahren | Öffnungszeiten nur von außen vom Bach her zu besichtigen, innen voraussichtlich während des Mühlentages (traditionell bundesweit am Pfingstmontag, ab 2019) | Tipp Dem Steg über den Bach und dem anschließenden Weg 100 Meter nach Norden folgend, finden Sie einen Rastplatz mit Infotafel. Hier beginnt der Dummewiesenweg, der 15 Kilometer durch die Dumme-Niederung, das »Reich der Amphibien« und über Bergen verläuft.

49__Die Eisenbahnbrücke

Rettung in letzter Minute

Lange Zeit war die Ruine der im Zweiten Weltkrieg zerstörten Eisenbahnbrücke von Dömitz dem Verfall überlassen und führte eine Art Dornröschenschlaf. Im Jahr 2010 endlich versteigerte die Deutsche Bahn den Brückentorso meistbietend. Den Zuschlag erhielt der niederländische Unternehmer Dr. Toni Bienemann. Gemeinsam mit dem »Freundeskreis Brücke Dömitz« versucht er, von dem einstigen architektonischen Prunkstück zu retten, was noch zu retten ist. Mit der aufwendigen Sanierung wurde im Jahr 2017 begonnen.

Der Elbübergang war mit einem Kilometer lange Zeit die längste Strombrücke Deutschlands. Im Jahr 1873 wurde sie nach dreijähriger Bauzeit fertiggestellt und erregte viel Aufsehen. Sie war zweigleisig, das Doppelgleis kam jedoch nie zum Einsatz, denn aus Sicherheitsgründen durfte nur jeweils ein Zug passieren.

Die Bahnstrecke führte von Wittenberge aus über Dömitz nach Dannenberg-Hitzacker und von dort weiter nach Lüneburg und Hamburg und berührte somit nur den Nordteil des damaligen Großkreises Dannenberg.

Da der Übergang in der Nähe der Festung Dömitz lag, wurden der Eisenbahngesellschaft besondere Auflagen erteilt, um ihn im Falle eines Elbübertritts des Feindes verteidigen zu können: Eine Drehbrücke erleichterte nicht nur das Passieren großer Schiffe, sondern konnte auch den Zugverkehr unterbrechen. Die beiden Strompfeiler sind mit Sprengkammern versehen. Beide Zugänge wurden durch wehrhaft gestaltete Brückenhäuschen abgesichert. Nachdem das Bauwerk bei einem Luftangriff am 20. April 1945 teilweise zerstört wurde, baute man es wegen der Grenzlinie entlang der Elbe nicht wieder auf. Während der innerdeutschen Teilung wurden die Reste auf der Ostseite vollständig entfernt, auch ein Teil der Westseite musste weichen, weil Einsturzgefahr bestand. Ein Zug wird den Fluss an dieser Stelle nicht mehr passieren, aber die Ruine bald in neuem Glanz erstrahlen.

Adresse Am Deich, 29484 Langendorf-Kaltenhof | **Anfahrt** von der B 191 in die Kreisstraße K 15 einbiegen und den Hinweisschildern zur Eisenbahnbrücke folgen | **Tipp** Auf der anderen Seite der Elbe liegt die Stadt Dömitz, die Sie über die Autobrücke erreichen. Sie hat sich ihren pittoresken Ostcharme bewahrt, und auch die Burg ist eine Besichtigung wert.

50_Die Strohpuppen

Boulevard der Stellvertreter

Wer Dannenberg zum ersten Mal von Uelzen her über die B 191 erreicht, wird sich vielleicht über merkwürdig aussehende Menschen, die still auf den Feldern ausharren, wundern. Bei genauerem Hinschauen wird jedoch klar, dass es sich nicht um Menschen, sondern um Strohpuppen handelt. Es sind keine niedlichen Maskottchen, die ein fröhliches Event, wie das nahende Erntedank- oder Schützenfest, ankünden, ganz im Gegenteil, sie schauen düster drein und bringen ihren Widerstand gegen das Atommülllager Gorleben zum Ausdruck. Sie sind mit Symbolen des Protestes, wie beispielsweise der Fahne der Anti-AKW-Bewegung oder der Sonne der Freien Republik Wendland, ausgestattet.

Die als Mahnmal dienenden Strohpuppen sind erstmalig im Jahr 2008 in Erscheinung getreten. Sie werden in der Region »stumme Demonstranten« oder auch »Stellvertreter« genannt, denn es gab mal einen Aufruf, dass jeder Widerständler seinen Widerspruch auf diese Weise bekunden sollte.

Aufgrund der Vergänglichkeit dieser Aktionskunst werden die Platzhalter, nachdem sie verwittert sind, durch neue ersetzt. Da es seit dem Jahr 2011 keinen Castor-Transport mehr gegeben hat, sind die Stellvertreter weniger geworden, dennoch findet man sie immer noch am Rand der B 191.

Neben der häufigen Frequentierung der Bundesstraße gibt es weitere Gründe, warum sich gerade an diesem Ort die Mahnmale zentrieren. Zum einem ist das Schienennetz, auf dem der Castor transportiert wird, nicht allzu weit entfernt. Zum anderen zog die Bundesregierung in den 1980er Jahren den Karwitzer Ortsteil Dragahn als Standort für eine Wiederaufbereitungsanlage in Betracht, rückte später jedoch von diesen Plänen wieder ab.

Die Anwohner haben die unruhige Zeit jedoch nicht vergessen. Deshalb hat sich gerade in dieser Region des Wendlands ein Zentrum des Widerstandes gebildet.

Adresse B 191, 29481 Karwitz | **Anfahrt** von Dannenberg aus die B 191 in Richtung Uelzen | **Tipp** Wenn Sie auf der B 191 weiter in Richtung Uelzen fahren, passieren Sie westlich von Pudripp ein sehr schönes Eisenbahnviadukt.

51_Das Projekt Gewissensruhe

Für den Fall der Fälle

Folgt man der Landstraße L 256 von Dannenberg nach Gartow, so befindet sich auf der linken Seite, kurz bevor man das Dorf Klein Gusborn erreicht, eine Installation, die einem Soldatenfriedhof gleicht. 738 Betonkreuze stehen dort. Sie waren für die 669 Bundestagsabgeordneten und 69 Bundesratsmitglieder bestimmt, die unser Land im Jahr 2001 regierten. Die Kreuze sind 80 Zentimeter hoch, nach Fraktionen auf einer Fläche von 2.500 Quadratmetern im Kreis angeordnet und mit einem Schild versehen, auf dem die Namen sowie Geburtsdaten der Mandatsträger abzulesen sind.

Der Steinbildhauer Franz Herrmann (Jahrgang 1980) hat den deutschen Politikern für den Fall eines Supergaus bereits vorsorglich eine »würdevolle Ruhestätte« eingerichtet. Noch ist es ein Mahnmal, später vielleicht mal ein Denkmal. Der Standort war kein Zufall: Dieser Friedhof liegt genau an der Castor-Strecke zwischen dem Verladekrahn Dannenberg und dem Zwischenlager Gorleben. Von Klein Gusborn bis nach Gorleben sind es nur noch zwölf Kilometer.

Mit den Jahren ist der ehemals weiße Beton der Grabsteine ergraut. Einige stehen schief oder sind ganz zur Seite gekippt. Bei anderen sind Betonteile abgesplittert. Die Namensschilder blieben jedoch weitgehend unversehrt. Die Vermutung liegt nahe, dass die prophylaktisch eingerichtete letzte Ruhestätte nicht nur witterungsbedingt vorschnell in die Jahre gekommen ist, sondern dass eifrige Akteure nachgeholfen haben, wohl um etwas mehr Spannung in das sehr steril wirkende Kunstwerk zu bringen. Der Ehrenfriedhof ist zu einer Art Pilgerstätte geworden und sorgt für Aufsehen und Unruhe. Als im Jahr 2010 das Abkommen zum sogenannten Atomkonsens revidiert wurde, fanden eine Probebeisetzung sowie eine Kondolenzaktion statt. Über eine Webseite ist es möglich, eine Patenschaft für das Grab seines Lieblingspolitikers zu übernehmen.

Adresse L 256, 29476 Gusborn-Klein Gusborn | **Anfahrt** von der B 191 bei Dannenberg auf der L 256 in Richtung Gorleben, kurz vor der Ortschaft Klein Gusborn auf der linken Seite | **Tipp** Ein kleines Stück weiter auf der rechten Seite steht die Skulptur eines überdimensionalen Castor-Behälters.

52__Das Herrenhaus

Yoga-Schule im königlichen Nest

Hinter diesem Herrenhaus aus dem 19. Jahrhundert verbirgt sich eine interessante Geschichte. Um 1840 erbaut, war es ursprünglich Verwaltungssitz des Hannoverschen Königs. Seine Existenz verdankt das Anwesen dem ersten Pachtinhaber Johann Justus Mylius. Dieser lebte zuvor im herrschaftlichen Vorwerk Banneick, löste den Vertrag jedoch vorzeitig auf, um sich ein noch größeres Domizil bauen zu lassen.

Die Ländereien reichten bis zur Straße nach Saaße und von dort bis nach Lüchow. Die Domäne blieb bis zum Jahr 1866 ein landwirtschaftlicher Betrieb. Auch eine Brennerei war hier untergebracht, die mit Hilfe einer Dampfmaschine betrieben wurde. Es wurde Branntwein und auch Rohspiritus produziert. Nach dem Preußisch-Hannoverschen Krieg gehörte Hannover zu Preußen, und die Grenze verlor für 80 Jahre an Bedeutung.

Tatsächlich stattete der damalige König von Hannover, der blinde Georg V., zusammen mit Kronprinz Ernst-August dem Staatsgut im Jahr 1865 einen Besuch ab. Die beiden wurden von der Bevölkerung überschwänglich empfangen. Anscheinend blieb dem Herrscher der Besuch ebenfalls positiv in Erinnerung, sodass die Domäne ihren royalen Namen verliehen bekam.

Im Jahr 1866 wurde in Königshorst das königlich preußische Remontedepot, eine Ausbildungsstätte für Armeepferde, eingerichtet und dem Standort in Arendsee unterstellt. Das Herrenhaus diente von da an dem Inspektor sowie dem Veterinär als Wohnhaus. Bis zu 350 ostpreußische Warmblutpferde wurden jährlich auf dem Gehöft zugeritten und trainiert, um nach Abschluss der Ausbildung in den Einsatz zu ziehen. Bis in die 1920er Jahre behielt der Ort diese Funktion bei.

Nach einer Renovierung im Jahre 1990 wurde 1991 darin eine Tagungsstätte eröffnet. Im Jahr 2014 kam das Yoga-Haus Ganesha hinzu. Das Anwesen verfügt über weitläufige Rasenflächen, alten Baumbestand, zahlreiche Sitzgelegenheiten sowie einen Seerosenteich.

Adresse Yogahaus-Ganesha, Remonteweg 3, 29462 Wustrow-Königshorst, Tel. 05843/9610, E-Mail: rezeption@yogahaus-ganesha.de | **Anfahrt** von der B 248 kommend bei Saaße in Richtung Wustrow abbiegen, nach 3 Kilometern links in den Remonteweg | **Öffnungszeiten** Termine stehen auf der Homepage www.yogahaus-ganesha.de | **Tipp** Neben Yoga-Kursen können Sie im Yogahaus Ganesha an weiteren Seminaren teilnehmen, die sich alle der Gesundheitsförderung widmen. Übernachtungsmöglichkeiten stehen zur Verfügung. Während der KLP werden jeden Morgen Yogakurse kostenlos angeboten.

53__Die Obstbaumroute

So lasst uns denn ein Apfelbäumchen pflanzen

Mit der Zeit sind viele alte Obstsorten aus den Supermärkten verschwunden. Um diesem Trend entgegenzuwirken, hat sich der Landschaftspflegeverband Elbetal im Wendland zum Ziel gesetzt, das für Mensch und Natur wichtige Kulturgut zu erhalten. Im Jahr 2008 wurde ein Projekt zur Bewahrung der alten Obstsorten ins Leben gerufen. Seitdem sind einige traditionelle Apfel- oder Birnenarten dank intensiver Pflege sowie Neupflanzungen wiederentdeckt worden. Dabei war das Wendland ursprünglich kein klassisches Obstanbaugebiet, was hier wuchs, diente eher zur Selbstversorgung.

Die »Route der alten Obstsorten« führt vorbei an blühenden Streuobstwiesen, idyllischen Alleen sowie imposanten Einzelbäumen. An einigen besonders interessanten Streckenabschnitten wurden Informationstafeln aufgestellt. Der Besucher erhält dort Auskunft über Sortenvielfalt, Geschichte und die besonderen Eigenschaften des Straßenobstes. Die Touristeninformationen geben Flyer aus, in denen die Wegstrecken verzeichnet sind. Am aktuellsten sind aber die Informationen auf der Webseite des Landschaftspflegeverbandes, weil ständig neue Standorte hinzukommen. Egal, wo im Wendland man sich gerade befindet, eine Obstbaumroute ist sicher ganz in der Nähe.

Das Angebot an Veranstaltungen zum Thema alte Obstsorten ist vielfältig. Das Rundlingsmuseum Lübeln beispielsweise organisiert seit 2013 regelmäßig Vorträge und Workshops. Wer in seinem eigenen Garten einen Baum einer raren Obstsorte pflanzen möchte, dem seien die Schnittkurse am Höhbeck empfohlen.

Eine der Stationen, die mit einem Informationsstand ausgestattet ist, befindet sich in Kriwitz. Dort kann man auf dem Hof Lachapfel an einer Führung zu den großen Obstplantagen teilnehmen und auch Früchte, die nach Demeter-Richtlinien gepflanzt wurden, erwerben. Um vorherige Anmeldung wird gebeten.

Adresse Hof Lachapfel, Kriwitz 26, 29485 Lemgow-Kriwitz, Tel. 05883/456, www.lachapfel.de, www. wendland-elbetal.de | **Anfahrt** von der B 248 von Lüchow kommend vor Lübbow links, L 260, und hinter Trabuhn K 40 bis Kriwitz | **Tipp** Der Gasthof Klipp hat Geschichte geschrieben und schon rauschende Reiterbälle sowie ausgelassene Feste von Zollbeamten erlebt. Der im Wendland sehr bekannte Journalist Martin Fricke lebt in Kriwitz. Er beschäftigt sich intensiv mit der Sprache der Wenden.

54__Der Werkhof

Kreative Entschleunigung auf die »seelige« Art

Sie stehen ständig unter Strom und brauchen einmal eine Auszeit vom Alltag? Wie wäre es mit einem Kreativurlaub in idyllischer Umgebung? Der Werkhof im beschaulichen Dorf Kukate bietet die Möglichkeit zum Entschleunigen. Gleichzeitig kann man eine alte Handwerkskunst erlernen.

Der Ort zählt zu den Winzlingen unter den Rundlingen und hat nur 21 Einwohner. Gegründet wurde der Werkhof von dem Ehepaar Inge und Michael Seelig, die nach Abschluss des Lehramtsstudiums im Jahr 1975 ins Wendland kamen. Es hat lange gedauert, bis sie ihre Visionen realisieren konnten, denn außer dem schmiedeeisernen Tor, vor dem sie bei ihrem ersten Besuch standen und bereits große Pläne schmiedeten, war auf dem Hof mit dem Vierständerfachwerkhaus und seinen großen Nebengebäuden noch nichts in Schuss. Dennoch ließen die Idealisten sich nicht entmutigen und schufen einen Platz, an dem sich ihre Gäste auf Anhieb wohlfühlen. Für die Mahlzeiten und Gepräche stehen mehrere gemütliche Räumlichkeiten und auch ein Kaminzimmer zur Verfügung. Wer einmal hier war, kommt gern wieder.

Viele Kursteilnehmer erleben die Zeit auf dem Werkhof als eine Art Therapie. Wer sich beispielsweise für das Weben entscheidet, muss eine große Portion Geduld aufbringen, bis sich erste Erfolge einstellen. Die intensive Beschäftigung mit nur einer Sache rückt alle Sorgen in den Hintergrund und ist reinster Seelenbalsam.

Das derzeitige Angebot des Werkhofes umfasst die Handwerke Weben, Nähen, Klöppeln, Tischlern, Töpfern sowie Goldschmieden. Es ist einer der wenigen Orte in Deutschland, wo man noch alle Qualifikationen für den Beruf des Webers erwerben kann.

Während der Kulturellen Landpartie kann man in verschiedene Kurse hineinschnuppern und sich auf dem Werkhof in Ruhe umsehen. Ansonsten wird darum gebeten, von unangemeldeten Besuchen abzusehen, weil es die Hofgäste stören könnte.

Adresse Werkhof Kukate, Kukate 2, 29496 Waddeweitz-Kukate, Tel. 05849/468, www.werkhof-kukate.de | **Anfahrt** von Lüchow auf der B 493, 2 Kilometer hinter Salderatzen nach rechts in die K 18 und nach 1 Kilometer links nach Kukate | **Tipp** Im 12 Kilometer entfernten Örtchen Köhlen finden Sie die Steinbildhauerin Doris Geßner, über die Sie nähere Informationen bei Wendland hautnah finden (www.wendland-hautnah.de/katalog/doris-gessner).

55_Die Brauerei

Starker Stoff aus der Region

Eine schöne goldgelbe Farbe hat es, dieses Pils. Mit einem Hauch Karamell-Malz hergestellt, dazu starke Hopfengabe für herb-bitteren Geschmack. Lecker norddeutsch! In Literflaschen. Die meisten Zutaten stammen von Bauern aus der Region, aus dem Wendland. Der Hopfen kommt noch aus Süddeutschland, der Anbau wandert aber mit dem Klimawandel nordwärts. Es gibt hier schon Versuche.

Oh, obergäriges dunkles Weizenbier, unfiltriert. Lecker! Auch in Literflaschen. Und naturbelassen. Hier entstehen Biere wie schon vor hundert Jahren, handwerklich, ohne Computersteuerung. Mit Zeit zum Reifen. Craft-Bier, vor 25 Jahren in kleinsten Mengen erzeugt, seit fast zehn Jahren als »Wendlandbräu« bekannt. Nicht erst jetzt, wo es Mode wird. Keine Pasteurisierung, keine Filtrierung, so gehen Nährstoffe und Geschmacksträger nicht verloren. Dadurch entstehen Unterschiede im Geschmack. So ist kein Bier dem anderen gleich, ein Qualitätsmerkmal. Sie sind etwas weniger lang haltbar. Okay, kein Problem!

Und hier, ganz schön starker Stoff: Festbier Typ Märzen, fünf Komma fünf Prozent. Höherer Alkoholgehalt für längere Haltbarkeit. Wohl bekomm's! Wo wird es getrunken? Gleich hier im Hof, bei der Kulturellen Landpartie und in der Region. Welche Region? Dreieck Hamburg, Berlin, Hannover. Logisch, da wirken Leute zusammen, beim Widerstand gegen das Atommüllendlager. Beim Bier ist alles öko, das Reinheitsgebot beginnt auf dem Acker. Ökologisch brauen? Logisch, hier im Pferdestall. Und sauber gelagert? Ja, im Stall nebenan.

Bockbier gibt's auch? Sieben Prozent. Mann, ist das süffig. Liliterweise? Lologisch! Alles auch in Fässern. Großartig! Die Brauerei ist eher klein, so wie früher. Mitte des 19. Jahrhunderts gab es noch elf Brauereien im Süden des Wendlands. Doch es wird auch Neues gebraut. Sehr gern getrunken: Black Wendish. In Lilililiterflaschen? Lolologisch!

Adresse Wendlandbräu, Kussebode 10, 29459 Clenze-Kussebode, Tel. 05844/9711111, www.storchenbier.de | **Anfahrt** von der B 71 in Bergen Richtung Clenze, hinter Jiggel nach Gistenbeck, 300 Meter hinter dem Ort rechts, nach 1 Kilometer rechts nach Kussebode, im Ort liegt die Brauerei am Ende der 2. rechts abzweigenden Straße | **Öffnungszeiten** Fr 15–18 Uhr, Gruppenführungen nach Vereinbarung, zeitweise Bierbrauseminare | **Tipp** In der gleichen Straße befindet sich der Reiterhof Ahrens. Er ist auch Start- und Zielpunkt für Wanderreittouren (www.ferienhof-ahrens.de).

56_Der Ort der Begegnung

In Küsten küsst man gern

Vielen Besuchern der Kulturellen Landpartie 2017 stockte der Atem, als zwei Mädchen hoch oben im Baum, scheinbar schwerelos, an einem Vertikaltuch eine wundervolle Choreografie zum Besten gaben. Eine der jungen Damen war niemand Geringeres als Leni Hugenes, die Gewinnerin des Niedersachsen-Cups 2017 in der Disziplin Turnen. Gemeinsam mit ihrer Schwester Lou stellte sie ihr akrobatisches Geschick unter Beweis. Jedoch soll es auch schon Menschen, die weitaus weniger sportlich waren, an diesem Ort in luftige Höhen gezogen haben: Eine etwas zu übermütige Kapelle hat wohl einmal versucht, ihre Instrumente auf den dicken Ästen desselben Baumes aufzubauen.

Die alte Eiche, die die Mitte des Dorfplatzes markiert, ist ein Treffpunkt in Küsten. Mit Gewissheit ist sie über 300 Jahre alt, mal ist auch die Rede von 500 oder gar 800 Jahren. Das ist jedoch reine Spekulation. Früher wurden dort die Dorffeste gefeiert, und es war ein Platz, an dem sich Liebespaare abends verabredeten. Ein bekanntes Postkartenmotiv aus dem Jahre 1959 zeigt zwei Verliebte bei dem Versuch, gemeinsam den dicken Stamm zu umarmen. Woher der Name der Ortschaft stammt, der gar nicht an der Küste liegt, ist nicht bekannt. Es gab jedoch bereits die Vermutung, dass er von »küssen« abgeleitet sein könnte. Heute gibt es eine Sitzgelegenheit unter dem Baum. Die Bewohner des Dorfes treffen sich dort ab und an zum Plausch mit den Nachbarn.

Ein weiterer Ort der Begegnung ist die Friedenskirche, und auf diese sind die Küstener besonders stolz. Das Gotteshaus ist nicht nur besonders alt – es wurde bereits im Jahr 1375 erstmalig urkundlich erwähnt –, sondern verfügt seit dem Jahr 1998 auch über ein weltweit einmaliges Interieur, das von dem in Küsten aufgewachsenen Künstler Jürgen Goertz entworfen wurde. Elemente wie Altar, Kanzel oder Taufsockel sind überwiegend aus Metall gefertigt. Durch seine ausdrucksstarken, zum Teil auch provokanten Plastiken ist er über die Grenzen des Dorfes bekannt.

Adresse Rundling/An der Kirche, 29482 Küsten | **Anfahrt** B 493, in Küsten in die Straße An der Kirche einbiegen | **Tipp** Wer sich im Wendland sein Traumhaus bauen möchte, ist in Küsten an der richtigen Adresse, denn hier werden noch Bauplätze ausgewiesen. Aus Küsten kommen die Tortenfrauen, deren Spezialitäten Sie in vielen Cafés des Landkreises genießen können.

57 Der Zwergenstein

Begegnung mit den Wichtelmännchen

Es kursieren verschiedene Zwergengeschichten im Wendland. Eine soll sich am Galley-Berg von Loitze abgespielt haben. Dieser wurde nach einem früheren Bewohner benannt, der zurückgezogen in einem Haus am höchsten Punkt lebte. Im Volksmund ist die Erhebung auch als Unnererdschenberg bekannt, benannt nach den Zwergen, die dort lebten. Ein Sandweg führt den Hügel hinauf. Auf halbem Wege kommt man an einem großen, flachen Findling vorbei, dem Zwergenstein. Darunter soll vor langer, langer Zeit das Reich der Unnererdschen gewesen sein.

Einer alten Sage nach haben die kleinen Wichte ihren Unterschlupf in der Dunkelheit der Nacht verlassen, um sich an der nahe gelegenen Wasserstelle zu bedienen. Ein Bauer namens Philipp, der aus der Umgebung stammte, hörte von der Geschichte und war davon fasziniert. Er überredete seinen Knecht Johann, einen der Zwerge zu stibitzen.

Die beiden gingen zum Stein, der Gehilfe band einen Strick um den Bauch seines Herrn und ließ ihn hinunter in die Höhle. Der Bauer griff nach einem der Unnererdschen und nahm ihn mit zu sich nach Hause. Seine Kinder freuten sich über den ungewöhnlichen Spielkameraden. Nach ein paar Tagen aber war der Gnom wieder fort. Die Bauersfamilie jedoch wollte die Gesellschaft des neu gewonnenen »Freundes« nicht mehr missen. Deshalb entschied der Landwirt, bei nächster Gelegenheit gleich zwei Zwerge zu holen. Wieder ging er mit seinem Knecht zum Stein. Dieses Mal jedoch ließ er Johann hinunter. Sosehr Philip auch zog, es gelang ihm nicht, seinen Komplizen wieder aus der Höhle zu befreien. Zuletzt entglitt ihm noch das Seil, und der Knecht wurde nie wieder gesehen.

Sosehr man auch nach ihnen suchte, seit dem Tag dieser Tragödie sollen in Loitze die Unnererdschen nie wieder in Erscheinung getreten sein. Der Zwergenstein jedoch, der liegt unverändert an seinem Ort.

Adresse Galley-Berg, 29456 Schnega-Loitze | **Anfahrt** von der B 71 4.5 Kilometer westlich von Spithal in die K 32 abbiegen, 3 Kilometer bis Loitze, dort in der Kurve den Wirtschaftsweg rechts nehmen (geht in einen Sandweg über), nach links führt ein Pfad zum Galley-Berg | **Tipp** Wenn man den Weg weiter hinaufgeht, kommt man zum Grab des Galleys, dem einsiedlerischen Bewohner, über den allerlei Gerüchte kursieren. Zum Zwergenstein ist ein sehr schönes Kinderbuch von Susanne Laschütza erschienen.

58_Das Lomizil

Domizil und Bildungsstätte

Es begann damit, dass einige junge Berliner sich im Gorlebener Widerstand organisierten. Mit 100 Menschen wollten sie eine beständige Struktur schaffen. 30 wurden es schließlich. Im Jahr 1987 gründeten sie eine Genossenschaft und kauften gemeinsam einen Vierseitenhof mit ehemaliger Gaststätte und Saal. Das Anwesen wurde nach und nach renoviert und um einen Neubau samt Ferienwohnung und Sauna erweitert. Heute zählt die Genossenschaft 40 Mitglieder, von denen zurzeit drei ganzjährig auf dem »Wendland-Hof« leben. Mehrmals im Jahr kommt ein Großteil der Gruppe mit Familie und Freunden zusammen.

Neben dem Wohnprojekt wurde der Verein »Lomizil« ins Leben gerufen, der sich in den Bereichen Austausch und Begegnung engagiert. Insbesondere benachteiligte Menschen finden Unterstützung. Das Bildungsseminarangebot reicht von Umweltschutz bis zu Toleranz gegenüber Menschen aus fremden Kulturkreisen. Das Engagement der Mitglieder und Unterstützer ist weitestgehend ehrenamtlich.

Um den Erhalt des Lomizils zu finanzieren, werden das Tagungshaus mit geräumiger Küche, Esszimmer sowie fünf Mehrbettzimmern mit Gemeinschaftsduschen und der Saal an Gruppen vermietet. Es kommen Teams jeglicher Art, darunter Chöre, Tanz-, Theater-, Sport- oder auch Fastengruppen, zusammen. Die Ausstattung ist einfach. Mehr Luxus erwartet den Gast in der großen, hellen Ferienwohnung mit insgesamt sieben Schlafplätzen. Für Camper steht ein Zeltplatz zur Verfügung. Individualreisende sind, soweit die Zimmer nicht von Gruppen belegt sind, ebenfalls willkommen. Ein großer Saal, verschiedene Werkstätten und ein weitläufiges Außengelände stehen zur freien Nutzung zur Verfügung.

Viele der einstigen Gründungsmitglieder erreichen bald das Rentenalter. Somit steht aktuell ein Wohnprojekt für Senioren ganz oben auf der Agenda, hoffentlich zusammen mit jungen Leuten, die das Projekt einmal übernehmen.

Adresse Wendland-Hof eG und Lomizil e.V., Alte Dorfstraße 24, 29491 Prezelle-Lomitz, Tel. 05848/1288, www.lomizil.de | **Anfahrt** über die B 493 und K 4 bis Prezelle und weiter nach Lomitz, dort links in die Alte Dorfstraße | **Tipp** Wenn Sie ein paar Kilometer durch den Wald wandern und den ehemaligen Grenzstreifen zur DDR überqueren, erreichen Sie bald den herrlichen Arendsee, der ideal zum Schwimmen, Surfen und Bootfahren ist. Übrigens kann Lomitz auch eine Berühmtheit vorweisen: Die Fußball-Nationaltorhüterin Almuth Schult ist dort aufgewachsen.

59 Der Grenzturm

Todesstreifen wird Grünes Band

Verlassen steht der klobige Wachturm auf einer kleinen Anhöhe in der Landgrabenniederung. Seine Drohgebärde geht heute ins Leere. Er war einst ein gewichtiger Posten im Verlauf der 1.400 Kilometer langen »Staatsgrenze West«, wie sie in der Deutschen Demokratischen Republik genannt wurde. Die Grenzbefestigungen waren tief gestaffelt mit zum Teil tödlichen Hindernissen: Signalzäune, beleuchtete Kolonnenwege, Sperrgräben, Selbstschussanlagen, Minenfelder, Streckmetallgitterzäune und ein Stück Niemandsland. Dies alles lag im Schussfeld der Grenzsoldaten in den Beton-Beobachtungstürmen, die aufpassten, dass hier keiner »rübermacht«.

Der Wachturm bei Hoyersburg wurde mittig zwischen der unterbrochenen Straßenverbindung und der auf DDR-Seite demontierten Eisenbahnverbindung Lüchow–Salzwedel errichtet. Er war ein Führungsstand mit Zellen für aufgegriffene Republikflüchtlinge. Hier liefen die Informationen eines Grenzabschnitts zusammen und wurden die Einsätze koordiniert.

Todesstreifen und Niemandsland werden seit der Wiedervereinigung quer durch Deutschland zu einem Grünen Band umgestaltet, dem längsten länderübergreifenden Biotopverbund. Während der fast 40-jährigen Abgeschiedenheit ist die Natur und damit der Artenreichtum beiderseits der Demarkationslinie intakt geblieben. Dank vieler Initiativen, durch Flächenankäufe für den Naturschutz, Anlage von Wanderwegen und Einbindung historischer Orte, entsteht ein natürlicher Verbindungsraum, der Kultur und auch dunkle Kapitel der Geschichte integriert.

Das Grüne Band wird hier im Bereich des Landgrabens geprägt von naturnahen, feuchten Niederungen und Naturschutzgebieten, wie zum Beispiel dem südlich in Sichtweite des Turms gelegenen Waldgebiet Bürgerholz. Dieses war bis 1945 ein sehr beliebtes Ausflugsgebiet der Lüchower und Salzwedeler, früher per Eisenbahn erreichbar. Auch heute lohnt sich ein Besuch, mit Grenzturm-Visite!

Adresse 29488 Lübbow, Koordinaten UTM 32.646.688/5.863.377 | Anfahrt gleich südlich von Lübbow an der B 248 hinter der Straßenbrücke verläuft auf der linken Seite ein Feldweg an einem Graben entlang zum Turm | Tipp Fahren Sie bis Hoyersburg in Sachsen-Anhalt und erkunden Sie das »Bürgerholz«, ein naturnaher, artenreicher Feuchtlaubwald östlich der B 248. Von hier gelangen Sie auf der ehemaligen Eisenbahntrasse bis zum Grenzturm.

60_Die Dorfchronik

Dravänopolabisches Vaterunser und Wendlandkrimis

»Nôsse Wader, ta toy giss wa Nebisgáy ...«, so mag Johann Parum Schultze das Vaterunser gebetet haben, auf Dravänopolabisch. Bis ins 18. Jahrhundert lebten im Wendland slawischsprachige Polaben, ein westslawischer Stamm. Schultze war einer der letzten »wendischen« Muttersprachler und hatte erkannt, dass seine Sprache im Aussterben begriffen war: »Wenn mit mir und denn noch drey Personen es vorbey ist in unserem Dorf, alsdann wird wohl niemand recht wissen, wie ein Hund auf Wendisch genannt wirdt«, schrieb er in seiner in Hochdeutsch verfassten Chronik. Nun, wir wissen heute, dass ein Hund »pyas« hieß, auch dank umfangreicher Wortlisten, die Schultze zur Überlieferung der Sprache seinen Aufzeichnungen beifügte.

Der Bauer Schultze wurde 1677 im Rundling Süthen geboren und verstarb dort 1740. Er war 40 Jahre lang Dorfschulze des Ortes und als solcher für die Regelung vieler Angelegenheiten der Gemeinschaft verantwortlich. Um 1725 begann er mit der Niederschrift seines 310 Seiten umfassenden Werkes, dessen Original leider verschollen ist. Es enthält viele bunte Darstellungen des bäuerlichen Lebens, Geschichten von nah und auch von fern, denn er unternahm einige Reisen in Norddeutschland. Schultze berichtete über Handwerk und Landwirtschaft, Kirche und Kriege, Wolfsplagen und sehr gern über Kriminalfälle und Hinrichtungen. Ein schriftstellernder Landwirt war in jener Zeit in Deutschland selten, im Wendland ist sein Werk die älteste Bauernchronik, eine außergewöhnliche kultur- und sozialgeschichtliche Quelle, die eine ferne, untergegangene Zeit aufscheinen lässt.

Das Rundlingsmuseum in Lübeln hat Johann Parum Schultze und seiner Epoche eine Ausstellung in seinem ehemaligen Wohnhaus gewidmet, einem Zweiständerhaus, das er im Jahr 1710 in Süthen gebaut hat. Es wurde ins Museum umgesetzt und renoviert. Dort lässt sich auch erleben, wie Dravänopolabisch wohl geklungen hat.

Adresse Rundlingsmuseum Wendlandhof Lübeln, Lübeln 2, 29482 Küsten-Lübeln, Tel. 05841/962930, www.rundlingsmuseum.de | Anfahrt von der B 493 wenige Kilometer westlich von Lüchow dem Schild zum Museum nach Lübeln folgen und am Ortseingang parken, das Museum liegt im Rundling, dieser soll autofrei bleiben | Öffnungszeiten Mitte März–Okt. Di–So und feiertags 10–17 Uhr | Tipp Im Rundlingsmuseum sollten Sie den Trachtenraum besuchen sowie die immer wieder interessanten Sonderausstellungen. Gleich nebenan befindet sich das Kartoffelhotel (www.kartoffel-hotel.de).

61 Die Altstadt von Lüchow

Rasanter Wiederaufbau nach Stadtbrand

Am Abend des 24. April 1811 brach im Haus des Brauers und Brenners Schultze beim Malzdarren ein Feuer aus. Es breitete sich in der mit Landwirtschaftsgütern aller Art gefüllten Fachwerkstadt durch starken Ostwind rasend schnell aus. Bis zum nächsten Morgen vernichtete es fast die gesamte Altstadt von Lüchow und das südwestlich gelegene Schloss, bis auf den heutigen Amtsturm.

Das Krisenmanagement der napoleonisch-zentralistischen Verwaltung funktionierte bestens. Schon am nächsten Tag wurden Hunderte Arbeiter eingesetzt, einige Tage später die Neuvermessung der Stadt angeordnet und der Distriktbaumeister Lietzmann mit der Durchführung des gesamten Wiederaufbaus beauftragt. Er legte am 14. Juni einen Bebauungsplan vor, die Anhörung aller Grundbesitzer fand gleich darauf statt.

Lietzmann machte den revolutionären Vorschlag, die »vielen Winkeleien« der Altstadt in ein System von Rechtecken zu verwandeln und die Straßen bis auf das Doppelte zu verbreitern. Im Vorwege wurden Umsiedlungen auf andere Grundstücke oder Entschädigungen von 200 Hauseigentümern für die veränderten Parzellen berechnet. Auch die Kosten des Wiederaufbaus und die dafür erforderlichen Materialien wurden genauestens ermittelt.

Am 16. Mai gingen Aufträge für 33 Häuser an Zimmerleute aus Salzwedel, Uelzen und andere umliegende Städte. Der Bauablauf wurde durch Vorgabe von regelhaften Abmessungen für zweckmäßige bis repräsentative Fachwerkhaustypen rationalisiert. Mittels dieser Standards und den vereinheitlichten Straßenräumen entstand das geschlossene, ausgewogene und trotzdem vielgestaltige Stadtbild der Lüchower Altstadt. Lietzmann hatte ein Gesamtkunstwerk geschaffen.

Fünfeinhalb Monate nach dem Brand war die Stadt zur Hälfte und nach einem Jahr fast völlig neu errichtet, eine kolossale Leistung. Es verblieben Ruinen des Schlosses, die man nach vielen Überlegungen im Jahr 1854 abriss.

Adresse Rathaus Lüchow, Lange Straße 56, 29439 Lüchow | **Anfahrt** von der B 248/ B 493 Richtung Stadtmitte Lüchow | **Tipp** Lüchow liegt an der Deutschen Fachwerkstraße (www.deutsche-fachwerkstrasse.de). Das Amtsturm-Museum am Ende der Burgstraße informiert über die Stadtgeschichte und bietet einen herrlichen Blick über die Altstadt. Der Turm ist der erhaltene Teil des Lüchower Schlosses (www.amtsturm.de).

62__Der Garten(t)raum

Willkommen im Glück

Gehören Sie zu den Menschen, die es gar nicht erwarten können, bis endlich wieder die Adventszeit beginnt? Dann ist Familie Schewes »Garten(t)raum« genau der richtige Ort für Sie. Seit dem Jahr 2016 gibt es hier bereits im November den wohl ersten Weihnachtsmarkt der Region.

Neben Bildern, Puppen oder Filzsachen – alles von Mitgliedern der Familie oder befreundeten Künstlern in Handarbeit angefertigt – werden Kränze, Gestecke und vieles mehr angeboten. Für das leibliche Wohl ist ebenfalls gesorgt, man kann sich mit einer Wendländer Hochzeitsuppe oder einer Bratwurst vom Grill stärken. An heißen Getränken werden ein Apfelpunsch, Kaffee und Tee serviert. Ein warmes Plätzchen findet sich am offenen Feuer, an dem Kinder sich selbst ihr Stockbrot grillen können.

Zur Gartensaison von Mai bis Oktober findet einmal im Monat ein Besucherwochenende statt. Im Schwedenhäuschen gibt es eine Ausstellung. Wer mag, zieht sich mit Familie oder Freunden in eine der Sitzecken zurück und genießt seinen Kaffee aus Sammeltassen. Dazu passt ein Stück des leckeren Kuchens der Gastgeberin, die von Beruf Köchin ist. Man kann ganz in Ruhe die entspannte Atmosphäre dieses Ortes mit seiner Blütenpracht und dem leisen Plätschern des kleinen Springbrunnens auf sich wirken lassen.

Als Alexandra und Torsten Schewe vor 15 Jahren in die Seerauer Straße zogen, war der Garten jahrelang sich selbst überlassen worden und völlig verwildert. Nach und nach hat die Familie sich ihr kleines Paradies geschaffen. Für das Anlegen der Wege und des Teichs wurde eine Firma beauftragt. Alles andere hat man selbst erledigt. Mittlerweile hat der Rückzugsort die Gestalt angenommen, von der die Hobbygärtnerin anfangs geträumt hatte. Das heißt aber nicht, dass keine weiteren Projekte geplant sind. Denn fertig ist ein Garten ja nie. Lassen Sie sich überraschen und schauen Sie einmal selbst vorbei.

Adresse Seerauer Straße 14a, 29439 Lüchow, Tel. 05841/4325, www.torstenschewe.wix.com/gartentraum | **Anfahrt** von der B 248/B 493 Richtung Stadtmitte Lüchow, dann Lange Straße, Tarmitzer Straße, nach 500 Metern rechts in die Seerauer Straße | **Öffnungszeiten** »Unser kleiner Weihnachtsmarkt«: Fr ab 15 Uhr, Sa ab 12 Uhr (2 Wochen vor dem 1. Advent), Mai–Okt. Termine werden auf der Homepage bekannt gegeben | **Tipp** 500 Meter vom Garten(t)raum entfernt finden Sie direkt im Zentrum den Wendlandmarkt, der viele regionale Bioprodukte und auch Kunsthandwerk anbietet.

63 Das Gorleben-Archiv

David gegen Goliath

Damit wichtige Erinnerungsstücke, die den Widerstand gegen den Atomstandort Gorleben dokumentieren, nicht in feuchten Kisten auf Dachböden, in Kellern oder in Scheunen vermodern, wurde das Gorleben-Archiv als eingetragener Verein ins Leben gerufen. Seit dem Jahr 2001 werden hier nicht nur private Protokolle, Tagebücher, Plakate, Fotos, Filme oder Transparente gesammelt, sondern auch Veröffentlichungen der Betreiber der Atomkraftanlage, Aufzeichnungen zu Gerichtsurteilen, Gutachten, Zeitungsartikel und vieles mehr.

Das Team um Birgit Huneke archiviert das Material akribisch. Bisher sind rund 20.000 Fotos, 1.500 Bücher und zahlreiche Zeitschriften, fast 1.000 Stunden digitalisiertes Filmmaterial in 450 Videotiteln sowie mehrere tausend Dokumente mit Schlagworten versehen worden. Die Arbeit ist noch längst nicht abgeschlossen. Denn es warten noch mehrere Regalreihen voll mit prall gefüllten Kartons mit teils brisantem Inhalt darauf, archiviert zu werden. Interessierte sind im Gorleben-Archiv stets willkommen. Sie können in Ruhe stöbern und auf Wunsch Kopien bekommen. Es gibt eine Sammlung von rund 400 kreativen Plakaten, welche der Widerstand hervorgebracht hat. Eine Auswahl davon ist käuflich erwerbbar. Darüber hinaus finden Sie Zeitschriften und Broschüren der aktuellen Widerstandsbewegung, darunter die »Gorleben Rundschau«, die von der Bürgerinitiative Umweltschutz (BI) in Lüchow herausgegeben wird. Das Archiv wird von Journalisten und Wissenschaftlern aus aller Welt als zuverlässige Informationsquelle genutzt.

Laut Birgit Huneke ist der Zweck des Archivs nicht nur der, die Kreativität aufzuzeigen, durch die sich die größte bundesdeutsche Protestbewegung der Nachkriegsgeschichte auszeichnet, sondern auch, Impulse zum politischen Handeln zu geben. Der Kampf der Bürger gegen die übermächtige Atomkraftlobby wird mit dem von David gegen Goliath verglichen.

Adresse Rosenstraße 17, 29439 Lüchow, Tel. 05841/9715845, E-Mail: gorleben-archiv@t-online.de, www.gorleben-archiv.de | Anfahrt von der B 248/B 493 Richtung Stadtmitte Lüchow, dann Lange-Straße, Dr.-Lindemann-Straße, rechts in die Rosenstraße | Öffnungszeiten Mo–Do 9–16 Uhr, Fr 9–13 Uhr | Tipp Nur wenige Meter vom Gorleben-Archiv entfernt hat die BI (Bürgerinitiative Umweltschutz) ihren Sitz. Dort erhalten Sie Informationen über aktuelle Widerstandsaktionen.

64 Das kleinste Theater

Eine Welt aus Papier

Seit Ende 2017 ist das Wendland um eine kulturelle Attraktion reicher, eine, die man ansonsten kaum noch findet. Es ist das Papiertheater namens Tschaya, was auf Japanisch »Teehaus« bedeutet. Zum Leben erweckt werden die zweidimensionalen Figuren auf der nur 40 mal 45 Zentimeter großen Bühne von der zertifizierten Märchenerzählerin Gisa Naumann-Namba. Sie ist nicht nur Erzählerin, sondern zugleich Drehbuchautorin, Regisseurin, Bühnenbildnerin, Schauspielerin und Sprecherin.

Das erste Papiertheater kam in Deutschland vor etwa 200 Jahren auf. Es war eine preiswerte Variante zum klassischen Theater und fehlte in fast keinem Bürgerhaushalt. Gisa Naumann-Namba kam mit dieser Form der Volkskunst erstmalig beim Märchenkongress in Potsdam in Berührung. Sie war derartig fasziniert, dass sie sich entschloss, selbst eines zu gründen. Da es das nötige Equipment jedoch nicht zu kaufen gab, musste sie improvisieren und ihr Miniaturtheater in mühevoller Handarbeit selbst erstellen.

Die Figuren für »Peter und der Wolf« stammen teilweise von alten dänischen Bastelbögen, die sie akribisch gesammelt hatte. Bevor die Charaktere sorgfältig ausgeschnitten werden konnten, mussten am Computer die Größe angepasst und die Farben optimiert werden. So ganz ohne den Einsatz moderner Hilfsmittel geht es dann doch nicht.

Nach einem Jahr Vorbereitung war es endlich so weit, im leer geräumten, mit 18 Gästen gut gefüllten Wohnzimmer fand die Premiere statt. Neuere Bühnenwerke von Tschaya widmen sich vor allem dem Fernen Osten, denn die Theatermacherin hat eine enge Verbindung zu Asien. Insgesamt 15 Jahre lebte und arbeitete sie in Japan, Taiwan und Südkorea. Sie lernte Sprachen und fremde Kulturkreise kennen. Ihre Erfahrungen möchte sie ihren Besuchern als Botschafterin zwischen den Kulturen vermitteln. Lassen Sie sich einfach in ihren Bann ziehen.

Adresse Papiertheater Tschaya, Hermann-Löns-Straße 21, 29439 Lüchow, Tel. 05841/9733111, www.zaubermaerchen.com, E-Mail: papiertheatertschaya@gmail.com | **Anfahrt** von der B 248/B 493 Richtung Stadtmitte Lüchow, dann Lange Straße, Tarmitzer Straße, nach 500 Metern links Königsberger Straße, nach 150 Metern rechts Eichendorffstraße, links Hermann-Löns-Straße | **Öffnungszeiten** bitte vorher anmelden, Programm auf der Homepage | **Tipp** Nur 300 Meter vom Papiertheater finden Sie Pfoten & Co., einen Tierfutterladen und vieles mehr. Dort bekommen Sie wertvolle Tipps rund ums Haustier, und es gibt einen Pfotengarten für Hunde.

65__Das Stones-Museum

Sex, no Drugs and Rock 'n' Roll

Es war einmal ein Bankkaufmann, der hätte seinen Beruf wohl bis zur Rente ausgeübt, wenn das Schicksal nicht etwas anderes für ihn bestimmt hätte.

Als Ulrich Schröder, von allen nur »Ulli« genannt, von Ron Wood höchstpersönlich gefragt wurde, ob er sein Geld nicht lieber mit »Sex, Drugs and Rock 'n' Roll« verdienen möchte, antwortete er: »Sex und Rock 'n' Roll, ja, Drogen, nein!« Das klingt zu schön, um wahr zu sein? Jedoch genauso hat es sich ereignet.

Ulli ist ein Rolling-Stones-Begeisterter der ersten Stunde. Er sammelt alles über die Band, so leidenschaftlich, dass es selbst den Mitgliedern nicht verborgen blieb und der Gitarrist »the crazy German« endlich einmal persönlich kennenlernen wollte. Im Jahr 1997 war es schließlich so weit. Er lud den Lüchower zur Feier seines 50. Geburtstags nach Dublin ein. Zu vorgerückter Stunde und nach dem einen oder anderen Drink kam es zu der Frage, die das Leben des Fans völlig auf den Kopf stellen sollte. Ulli kehrte seiner Bank den Rücken und wurde des Musikers Galerist. Denn, wie eingefleischte Stones-Fans wissen, ist Ron Wood nicht nur Teil der legendären Band, sondern auch ein talentierter und äußerst produktiver Maler.

Im Jahr 2011 eröffnete in einem ehemaligen Supermarkt in der Lüchower Altstadt das weltweit erste Stones-Museum. Hier kann der Besucher zahlreiche Exponate bestaunen, die der fleißige Sammler mit den Jahren zusammengetragen und liebevoll arrangiert hat. Die Wände zieren die Werke des Gitarristen.

Vor einigen Jahren geriet das Museum, in dem es für gewöhnlich sehr viel ruhiger als bei den Konzerten der Band zugeht, in die Schlagzeilen. Stein des Anstoßes waren die Urinale des Herrenklos, die die Form eines Kussmundes aufweisen. Die »Toilettenaffäre« war ein gefundenes Fressen für die Medien und verhalf dem Gründer zu seinem ersten handfesten Skandal.

Adresse Stones Fan Museum, Dr.-Lindemann-Straße 14, 29439 Lüchow, Tel. 05841/5902, www.stonesfanmuseum.com | **Anfahrt** von der B 248/B 493 Richtung Stadtmitte Lüchow, dann Lange Straße, Dr.-Lindemann-Straße | **Öffnungszeiten** Ostersonntag–Okt. Di–So 12–20 Uhr | **Tipp** In der Gartenstraße, die etwa 500 Meter vom Museum entfernt liegt, gibt es eine mit Stones-Motiven bemalte Wand.

66 Das Tandure

Hinter dem Lüchower Rathaus beginnt der Orient

Lehmöfen unterschiedlicher Art kennt man in Deutschland von alters her. Man nutzt sie – heute leider nur noch selten – auch zum Backen von Brot. Im Restaurant »Tandure« genießen und erleben Sie die Kochkultur der traditionsreichen anatolischen Küche. Ein großer Lehmofen steht bei der Zubereitung der abwechslungsreichen kulinarischen Kreationen im Mittelpunkt.

Viele der Fleisch- und Gemüsespeisen garen darin am offenen Feuer, oder es werden leckere türkische Pizzen gebacken. Tontopf-Gerichte schmoren schonend im Ofen, was ihnen eine köstlich intensive Geschmacksnote verleiht. Eine der warmen Vorspeisen ist das berühmte »Imam Bayildi« (Der Imam ist in Ohnmacht gefallen). Lamm- und Geflügelgerichte sowie Fisch und Vegetarisches sind Teil des umfangreichen Angebots. Die Zutaten sind frisch und das Gemüse der Saison kommt von regionalen Biohöfen. Der cremige Joghurt wird speziell für das Tandure zubereitet, Granatapfelessig für das leckere Salatdressing stammt aus eigener Herstellung.

Das erste Tandure gibt es seit 30 Jahren in Hannover. Ein Gast aus Lüchow hat den Besitzer vor einigen Jahren ins Wendland gelockt. Die hinter dem Lüchower Rathaus gelegenen Räumlichkeiten sind gut gewählt: Altbau mit zum Teil freigelegtem Fachwerk, in dem sich Bereiche für die Gäste auf verschiedenen Ebenen bis in den hohen Dachraum fortsetzen. Ein einheitliches Gestaltungsmerkmal sind die vielen unterschiedlichen, mit kleinen bunten Glassteinen besetzten türkischen Lampions, magisch schön anzusehen und ein angenehmes, vielfarbiges Licht werfend. Sie sind käuflich zu erwerben.

An wärmeren Tagen können Sie im geräumigen, schattigen, ebenfalls mit Lampions dekorierten Burghof einen wunderbaren Abend verbringen und fühlen sich dabei fast wie im Orient. Wenn Sie gegessen haben, lassen Sie es sich nicht entgehen, einen Blick auf den Lehmofen zu werfen, in dem ein ewiges Feuer zu brennen scheint.

Adresse Burgstraße 2, 29439 Lüchow, Tel. 05841/9769740, www.tandure-wendland.de | Anfahrt von der B 248/B 493 Richtung Stadtmitte Lüchow, dort der Langen Straße bis zum Rathaus folgen, hinter diesem liegt das Restaurant | Öffnungszeiten Mi–Mo ab 12 Uhr durchgehend »bis 1001 Nacht« | Tipp … und dann noch ein Eis in Lüchows berühmtem Eiscafé Cortina, Kirchstraße 2, das auf über 50 Jahre Tradition zurückblicken kann (geöffnet Feb.–Okt. Mo–So 9.30 Uhr »bis Sonnenuntergang«, zeitweise nur Mi–So).

67__Der Totenweg

Auf nimmer Wiederkehr

Die Menschen im Wendland waren früher sehr abergläubisch. Sie fürchteten sich davor, dass die Dahingeschiedenen als »Düwwelsüger« (Wiederkehrer) zurückkommen könnten. Um die Verstorbenen für alle Zeiten ins Jenseits zu befördern, transportierte man ihre Särge mit Kutschen für längere Strecken übers Wasser. Diese Methode sollte Abhilfe schaffen. Deshalb gab es sogenannte Totenwege, die an einem Bach entlang zum Friedhof führten.

Einer dieser speziellen Pfade verläuft bei Meuchefitz. Die etwa einen Kilometer lange Strecke, die bis zum Nachbarort Gühlitz führt, lädt zu einem Spaziergang ein. Sie gelangen zum Ausgangspunkt, indem Sie sich im Rundling rechts halten. Folgen Sie dem Weg über die Brücke bis zum Ende. Dort geht eine geteerte Straße nach rechts ab. Am Ziel erwartet Sie ein schöner Rundling mit einem fast kreisrunden Dorfplatz. Außerhalb des Dorfes befindet sich die Gühlitzer Mühle, welche nach Voranmeldung besichtigt werden kann. Ihre Geschichte ist sehr spannend. Auf ihr war beispielsweise einmal eine Windturbine mit einer Windrose montiert – eine in Niedersachsen einzigartige Konstruktion.

Für die Rücktour bietet sich ein Wiesenpfad an, welcher durch ein Wäldchen führt. Nehmen Sie die Straße nach Naulitz, um dorthin zu gelangen. Biegen Sie circa 200 Meter vor dem Ortsschild nach links in den Wiesenweg ein. Die Strecke führt an einem Erlenwald vorbei, der mit einer vielfältigen Flora und Fauna aufwartet. In den dortigen Moorlöchern sollen ganze Kuhherden versunken sein. Um wieder nach Meuchefitz zu gelangen, halten Sie sich links, wenn Sie die Teerstraße erreicht haben.

Neben der Wasserüberführung gab es weitere Totenrituale. Eines davon, welches noch bis zum Anfang des letzten Jahrhunderts praktiziert wurde, war das Anheben der Türschwelle vom Haus, um den Sarg nicht darüber zu heben, sondern unter ihr durch zu schieben.

Adresse Meuchefitz, 29482 Küsten-Meuchefitz | Anfahrt von der B 493 in Küsten abbiegen, 2 Kilometer bis Meuchefitz, auf dem kleinen Parkplatz vor der Kirche parken | Tipp Nach der Wanderung können Sie sich im Gasthof Meuchefitz, der sich am Ortseingang befindet, stärken. Seit 1980 trifft sich hier der Widerstand der Atomkraftgegner immer donnerstags regelmäßig.

68_Der Märchengarten

Es war einmal …

Lange Zeit waren Märchen in Bücher gebannt und wurden von Eltern und Großeltern den Kindern vorgelesen. Heute ist die Kunst des Märchenvortragens jedoch wieder lebendig. Besonders im Wendland gibt es einige ausgezeichnete Erzählerinnen, an deren Lippen vor allem Erwachsene hängen. Die Vortragenden nehmen ihre Zuhörer mit auf Reisen in entfernte Länder und berichten von Begebenheiten, die sich dort vor langer Zeit zugetragen haben sollen.

Eine dieser Erzählkünstlerinnen ist Petra Kallen aus Molden. Die Mutter von fünf Kindern hat erst vor 15 Jahren damit begonnen, Märchen vorzutragen, als ihre Kinder selbstständig wurden und das Interesse an Märchen längst verloren hatten. Da sie sich so sehr für alte Geschichten begeistern konnte, machte sie ihr Hobby einfach zum Beruf.

Oft tritt die Erzählerin mit anderen Mitgliedern aus dem Wendländischen Märchenkreis gemeinsam auf. Die Interpretinnen tragen im Wechsel vor und geben ab und an auch einmal musikalische Ständchen. Mit ihrem lieblichen Harfenspiel untermalt die Moldenerin die zauberhafte Stimmung, in die sie ihr Publikum bereits mit ihrer wohligen Stimme mit dem leicht süddeutschen Akzent versetzt hat.

Ihren Garten, in dem sie die »Langen Nächte der Märchen« anbietet, hat die Entertainerin selbst in einen kleinen Märchenpark verwandelt. Es gibt einen Brunnen, auf dessen Rand ein Frosch sitzt, und manchmal liegt dort auch eine goldene Kugel. Ein »Frau-Holle-Themenbereich« sollte durch einen Bogen aus zwei dunkelroten Blutpflaumen für das Pech sowie einen Goldregenbogen für das Glück dargestellt werden. Letzterer jedoch wollte nicht recht gedeihen.

Petra Kallens neuestes Gartenprojekt ist die Gestaltung eines Ortes, den sie für Kreistänze nutzt. Denn dafür kann sie sich ebenfalls begeistern. In Form einer kurz gemähten Rasenfläche, die von bunten Sommerblumen umrandet wird, hat sie einen neuen Tanzkreis geschaffen.

Adresse Petra Kallen, Molden 6, 29465 Schnega-Molden, Tel. 05842/238, E-Mail: petra.kallen@gmx.de, www.maerchen-rosenrot.de | **Anfahrt** von der B 71 kommend bei Spithal in die K 32 abbiegen, 4 Kilometer bis Molden | **Öffnungszeiten** Termine auf der Homepage | **Tipp** In einem Kilometer Entfernung erreichen Sie östlich von Proitze die Proitzer Mühle, die eine Besichtigung wert ist.

69_Die Festivalwiese

Handwerkskunst und Kultur auf der Mützingenta

Viele Wendland-Besucher verbinden mit der Kulturellen Landpartie die Mützingenta. Fans aus ganz Deutschland eilen zu dem Event nach Mützingen, um die friedvolle Atmosphäre auf der riesigen Festivalwiese zu genießen. Das Gelände der ehemaligen Ziegelei erreicht der Besucher, indem er ein riesiges, japanisches Tor passiert, welches ein paar Wendlandliebhaber aus Fernost dort errichtet haben.

Es gibt nicht nur musikalisches Programm, die kulturelle Palette ist breit gefächert. Theater, Varieté, Märchenerzählungen und, und, und werden für Jung und Alt geboten. An die 60 Kunsthandwerker stellen ihre hochwertigen und ausgefallenen Erzeugnisse aus. Einige von ihnen haben ihre Werkzeuge mitgebracht, um sich beim Schaffensprozess über die Schulter schauen zu lassen. Auch kulinarisch bleiben kaum Wünsche offen. Neben internationalen Speisen gibt es seit dem Jahr 2017 auch verstärkt regionale Spezialitäten, wie die Kartoffelgerichte vom Kartoffelhof Kunitz in Lüchow oder vom Landschwein aus Saaße.

Ursprünglich von Rosi und Klaus Schoppe initiiert, bringen nun Rosi und ihre Söhne seit über 25 Jahren die eigene Documenta in ihre Heimat. Kunsthandwerk ist neben dem ganzen Drumherum bis heute ein Schwerpunkt geblieben. Obwohl die Mützingenta zum Publikumsmagnet der langen kulturellen Woche wurde, haben die Organisatoren sich bereits im Jahr 2010 aus dem Verband der Wunderpunkte ausgeklinkt und stellen seitdem ihr Festival eigenständig auf die Beine.

Im Sommer finden in dem kleinen Ort die Mützingenta Sommerkonzerte statt. Die Steinofenpizzeria hat während der Sommermonate Freitag und Mittwoch geöffnet. Man kann hier auch einen wunderbaren Platz für die eigene Hochzeit, den Geburtstag oder die Einschulung finden. Politische Veranstaltungen wie Greenpeace-Seminare, Wolfstage oder Kundgebungen gegen Atomenergie finden dort ebenfalls eine Plattform.

Adresse Alte Ziegelei 10, 29499 Zernien-Mützingen, www.muetzingenta.de | **Anfahrt** von der B 191 bei Pudripp in die K 8 Richtung Mützingen abbiegen, 3 Kilometer bis zum Ort, Parkplatz gegenüber dem Festivalgelände | **Öffnungszeiten** zwischen Himmelfahrt und Pfingsten täglich, Programm auf der Homepage | **Tipp** Mützingen liegt am unteren Ende eines Trockentals und geht dort nach Osten in ein feuchtes Wiesental über. Dort finden Sie das Wibbeser Moor, aus dem der Breselenzer Bach entspringt.

70 Die Heide und ihr Schäfer

Zum Heulen schön

Wenn im Spätsommer die Nemitzer Heide erblüht, ist dieser Anblick die reinste Augenweide. Wenn dann noch Schäfer Werner Meinecke in traditioneller Kluft zusammen mit seinem Hütehund erscheint und Schafe und Ziegen durch die lavendelfarbene Hügellandschaft treibt, ist dieses Bild fast zu schön, um wahr zu sein.

Es soll einmal eine Frau gegeben haben, die bei diesem Erlebnis zu Tränen gerührt war. Als der Schäfer sich besorgt nach dem Grund ihres emotionalen Ausbruches erkundigte, antwortete sie, dass sie vor lauter Glück weinen müsste. Noch nie in ihrem Leben habe sie etwas derart Schönes gesehen. Wer einmal in Nemitz war, wird verstehen, was diese Besucherin bewegte.

Nemitz kann eines der größten zusammenhängenden Heidegebiete in Deutschland vorweisen. Ein Brand war dafür verantwortlich, dass sich die Erikapflanze in der Region ausbreiten konnte (siehe Kapitel 71). Überließe man die Natur sich selbst, würden bald wieder Bäume wachsen und die lila Pracht, die Sonne zum Gedeihen braucht, verschwinden. Deshalb kommt die Schafherde, unter die sich etliche Ziegen gemischt haben, bei der Landschaftspflege zum Einsatz. Laut einer Faustregel dauert die Blütezeit vom 8. August bis zum 9. September.

Schäfer Werner, dessen Familie seit vielen Generationen Schafe hütet, kam im Jahr 1999 von Gifhorn nach Nemitz. Heute übernimmt oft sein Sohn, der in seine Fußstapfen trat, die Arbeit. Auch der zweijährige Enkel ist bereits ganz vernarrt in die Tiere und wird später bestimmt einmal die Familientradition fortsetzen. Der Senior lässt es sich jedoch nicht nehmen, während der Blütezeit interessierte Besucher durch die malerische Landschaft zu führen. Obwohl man vermuten könnte, dass ein Tierhüter wortkarg sein müsste, ist genau das Gegenteil der Fall. Er ist sehr unterhaltsam und kann sogar ein Gedicht zu seinem selbst geschnitzten Hirtenstock vortragen.

Adresse Lieper Straße 3, 29494 Trebel-Nemitz, Tel. 05848/981555, E-Mail: schaeferei-meinecke@web.de, nemitzer-heide-touristik.de/schaefer-werner-meinecke | **Anfahrt** von der B 493 in Trebel nach Nemitz abbiegen | **Öffnungszeiten** Führungen während der Blütezeit regelmäßig am Samstag und für Gruppen auch auf Anfrage | **Tipp** Ein besonderes Erlebnis ist es, die blühende Heide von der Kutsche aus zu erleben. Nähere Informationen erhalten Sie bei: Planwagenfahrten von Albert Wolter.

71 Das Nemitzer Heidehaus

Feuervogel, Lebensvogel, wundersame Wandlung

Im heißen Sommer 1975 sind die Waldböden völlig ausgetrocknet. Am 12. August um 11.55 Uhr meldet ein Feuerwachturm im Gartower Forst eine sich rasch vergrößernde Rauchsäule. 12.15 Uhr Großalarm! Eine Feuerwalze rast voran und erreicht um 17 Uhr den Ortsrand von Nemitz. Zwölf bange Stunden später: Der Brand ist einigermaßen unter Kontrolle. Der Katastrophenalarm wird jedoch erst einige Tage später aufgehoben, als es keine Glutnester mehr gibt.

1.800 Hektar Kiefernwald wurden vernichtet. Der Auslöser: vermutlich Fahrlässigkeit. Oder Brandstiftung? Der Liedermacher Walter Mossmann hat dies später in seinem »Lied vom Lebensvogel – Gorleben« anklingen lassen: »Mein Gott, kam der gelegen, dieser Brand!« Er bezog sich damit auf den geplanten Flächenankauf für das nahe gelegene Atommüllendlager.

In der ersten Etage des Nemitzer Heidehauses informiert eine interessante Ausstellung über diesen Waldbrand und die anschließende Verwandlung der Gegend. Eine alte Karte zeigt einstmals hier verbreitete Heideflächen, umgeben von Wald. Nach der Katastrophe sollte ein Naherholungsgebiet mit solchen Flächen neu angelegt werden. Unerwartet breiteten sich vorhandene Heidebestände durch Saaten aus und vergrößerten so aus eigener Kraft ihren Lebensraum. Auf den nährstoffarmen, dünenartigen Sandböden entwickelte sich im Laufe der Zeit die Nemitzer Heide. Sie ist viele hundert Hektar groß, mit Birken, Wacholder und Zwergstrauchheide bewachsen. Trocken- und Magerrasengesellschaften und viele andere geschützte Pflanzen- und auch Tierarten haben hier eine Heimat gefunden.

Ein ausgedehntes Wanderwegenetz und Rundkurse für Radfahrer laden dazu ein, die Schönheit des inzwischen zu einem touristischen Magneten gewordenen Gebietes zu erleben. Das Nemitzer Heidehaus liegt mittendrin. Es wurde im Jahre 2009 ebenfalls Opfer eines Brandes mit völliger Zerstörung – und wurde neu aufgebaut.

Adresse Nemitz 39, 29494 Trebel-Nemitz, Tel. 05848/9819443, www.nemitzer-heidehaus.de | **Anfahrt** von der B 493 in Trebel 1,2 Kilometer Richtung Nemitz | **Öffnungszeiten** unterschiedlich je nach Jahreszeit, bitte schauen Sie auf die Internetseite | **Tipp** Im Heidehaus befindet sich ein Café. Die Inhaberin Heike Mandel backt nicht nur Mandeltorten, sondern bereitet auch kulinarische Genüsse aus der Region zu und hausgerösteten Kaffee.

72 Die Elbfähre Tanja

Beziehungspflege für die beiden Elbseiten

Unermüdlich den Fluss querend, wie eine Nähmaschine gleichmäßig zwei Teile zusammenfügend, bringen Fähren die zwei Elbseiten zusammen, stellen Beziehungen her und lassen Entfernungen schrumpfen. Das Übersetzen schenkt einen Augenblick der Entschleunigung, das Gefühl, einen mächtigen Strom zu überwinden und eine neue Richtung einzuschlagen. Schon immer war die Beziehung der Region zu ihren Fähren emotional und voller Geschichte(n).

Die Berechtigungen zum Betrieb solcher regelmäßigen Verbindungen, ihre Lage und die Einkünfte daraus waren Dauerstreitpunkte zwischen Orten, Fürsten und den Schiffskapitänen. Seit Jahrhunderten gibt es sie, nur in der Zeit zwischen 1945 und 1989 war der Fährverkehr zwischen dem Wendland und der DDR unterbrochen. Vier Relationen werden jetzt wieder betrieben, im Abstand von etwa neun bis 14 Kilometern: bei Elbkilometer 474 die Fähre Schnackenburg–Lütkenwisch, dann Pevestorf–Lenzen, Hitzacker–Herrenhof und schließlich Neu Darchau–Darchau bei Kilometer 537, wo »Tanja II« pendelt.

Sie ist besonders fleißig, macht gut 60.000 Fahrten pro Jahr mit 400.000 Fahrgästen und 170.000 Kraftfahrzeugen. Die alte Dame, Baujahr 1959, eigentlich eine Niederländerin namens »Wijkse Veer«, löste 1993 »Tanja I« ab, die nach dem Fall der Mauer im April 1990 mit einem großen Fest in Dienst gestellt wurde: Ein Pferdewagen, gezogen von zwei Kaltblütern, rollte im Westen aufs Schiff, auf der Ostseite ein geschmückter Trabi.

Bis zum Jahr 2015 wurde bei Neu Darchau viele Jahre eine Brücke geplant, hinüber in das 1993 dem Landkreis Lüneburg in Niedersachsen angeschlossene rechtselbische Amt Neuhaus, ehemals Teil der DDR. Manche sagten, nur eine Brücke sei eine richtige, zuverlässige Verbindung. Die Planung scheiterte an zu hohen Kosten. Ein bisschen spielte auch die Liebe der Neu Darchauer zu ihrer »Tanja« eine Rolle, als touristische Attraktion und als Beziehungspflegerin.

Adresse Am Hafen, 29490 Neu Darchau, Tel. 05853/1356 | **Anfahrt** von der B 216 bei Dahlenburg auf die L 232 abbiegen und 10 Kilometer dem Verlauf der Straße bis nach Neu Darchau folgen, im Ort auf der »Hauptstraße« bis zum Fähranleger | **Öffnungszeiten** Fährzeiten Mo–Sa 5–21 Uhr, So und feiertags 9–21 Uhr und nach Bedarf | **Tipp** Auf der rechten Elbseite erwartet Sie in Darchau das »Cafe von Rautenkranz« (Tel. 038841/20781). Darchau liegt an der Deutschen Storchenstraße (siehe Kapitel 9).

73__Der Raum 2

Ungleiche Nachbarn

Die Geschichte der jüngsten Ortschaft im Landkreis Lüchow-Dannenberg begann am 2. Dezember 1938. An diesem Tag erhielten mehrere Landwirte von der deutschen Wehrmacht Enteignungsbescheide, damit mitten im Wald eine Heeresmunitionsanstalt entstehen konnte. Als Tarnung wurde die regionaltypische Bauweise eines Rundlingdorfes gewählt. Die Aktion war so geheim, dass selbst die Anwohner nicht ahnten, was sich hinter der hohen Absperrung abspielte.

Mittlerweile befindet sich die ehemalige Kaserne in Privatbesitz. Doch noch heute ist das Gelände umzäunt, und an dem schwer gesicherten Tor hängt ein Schild mit dem unmissverständlichen Hinweis: »Fotografieren verboten«. Ein Teil der Häuser wurde verkauft.

Nur einen Steinwurf von dem abgesperrten Gebäudekomplex entfernt finden Sie das Veranstaltungszentrum »Raum2«, welches im Jahr 2000 gegründet wurde. Dort finden Lesungen, Theatervorführungen, Künstlersymposien, Malkurse und auch Konzerte statt. Die Auswahl ist schrill und reicht vom argentinischen Schreipunk bis zur Russendisko aus Odessa. Eins der Highlights ist der jährlich stattfindende Wettbewerb »Local Looser«, an dem oft bis zu 30 Bands und Interpreten teilnehmen. Alle Beteiligten haben viel Spaß daran, denn hier geht es nicht um Gesangsqualität, stattdessen stehen Tugenden wie Verrücktheit oder Peinlichkeit im Mittelpunkt.

Ein großer, rechteckiger Raum, vor dessen Raum eine Skulptur der Künstlerin Susanne Klingenberg steht, wird heute für Ausstellungen genutzt. Zum Ende des Zweiten Weltkrieges diente er als Lagerhalle für sogenannte V1-Marschflugkörper, die in Neu Tramm montiert und als Vergeltungswaffen eingesetzt wurden. Im Herbst 2017 stellte die Künstlerin Antje Lutz dort ihr Lebenswerk unter dem Titel »Malerei Werkschau« aus. Der Gedanke an die Vergangenheit dieses Ortes war anfangs beklemmend. Sie hörte förmlich die Schritte schwerer Nazi-Stiefel. Die Ausstellung sollte einen Impuls geben, sich dem negativen Gefühl zu widersetzen.

Adresse Raum 2 e.V., Neu Tramm 3, 29451 Dannenberg, Tel. 05861/806853, www.raum2.landbit.de | **Anfahrt** über die B 248 nach Tramm, nach Neu Tramm abbiegen und bis zum Ende der Straße fahren | **Öffnungszeiten** Veranstaltungen der Homepage entnehmen | **Tipp** In einem abgelegenen Gebäudekomplex der ehemaligen Kaserne befindet sich das Feuerwehrmuseum mit einer großen Auswahl an Löschfahrzeugen. Ein Ort, der vor allem Kinder begeistert.

74_Das gelbe X

Symbol des Widerstandes

Wer von Lüneburg aus über die B 216 ins Wendland reist, dem wird kurz vor der Ortseinfahrt nach Oldendorf am rechten Straßenrand ein großes gelbes X ins Auge springen. Gleich erreichen Sie den Landkreis Lüchow-Dannenberg. Dort ist dieser Buchstabe zum Symbol des Widerstandes gegen den Atomstandort Gorleben geworden. Mitten in die Landschaft platziert, an Bäume und Häuser genagelt, hinter Windschutz- und Schaufensterscheiben geklebt. Immer wieder wird Ihnen dieses Zeichen begegnen.

Ursprünglich diente das X als Platzhalter für das unbekannte Datum des ersten Atomtransports. Bis der erste Castor im Jahr 1995 im Zwischenlager Gorleben eintraf, lautete das Motto des Widerstandes: »Tag X – Wir stellen uns quer!«

Ein erster, leerer Castor-Behälter erreichte bereits zehn Jahre zuvor, 1985, das Zwischenlager. Als Protestaktion wurde ein Plakat entworfen, welches ein großes gelbes X auf schwarzem Hintergrund zeigte. Da auf dem Poster auch eine Straßenblockade zu sehen war, wurde es von der Staatsanwaltschaft als Protestaufruf bewertet und beschlagnahmt. Darauf mischte sich der Aktionskünstler Joseph Beuys in den Konflikt ein und versah das Objekt der Beanstandung mit dem Spruch: »Menschengemäße Kunst muss 1. die Zerstörung des Menschengemäßen verhindern, 2. das Menschengemäße aufbauen. Nur das ist Kunst und sonst gar nichts.« Auf diese Weise wurde das Plakat selbst zum Kunstwerk und konnte somit nicht mehr verboten werden.

Seit über 30 Jahren wird das gelbe X von allen Widerstandsgruppen als Symbol ihres gemeinsamen Anliegens verwendet. Auch große Organisationen wie Campact oder Greenpeace nutzen diesen Buchstaben, wenn es um Gorleben geht. Andere Widerstandsgruppen wurden durch das gelbe Castor-X ebenfalls inspiriert. Der Asse-Widerstand beispielsweise verwendet ein gelbes A und die Gegner der CO_2-Verpressung in Sachsen-Anhalt ein rotes X.

Adresse 21369 Nahrendorf-Oldendorf, an der B 216, von Dahlenburg kommend circa 1 Kilometer vor der Einfahrt in die Ortschaft | **Anfahrt** der B 216 von Lüneburg in Richtung Dannenberg folgen, etwa 23 Kilometer vor Dannenberg | **Tipp** Wenn Sie die B 216 weiter in Richtung Dannenberg fahren, werden Ihnen noch weitere Symbole des Widerstandes begegnen.

75__Die Hofidylle

Eine Oase der Ruhe

Zweimal im Jahr öffnen Gartenbesitzer der Initiative »Gartenräume im Wendland« ihre Pforten, um Besuchern Einblicke in ihre privaten Paradiese zu gewähren.

Ein Ort, der immer wieder auf viel Bewunderung stößt, ist der Hof von Elke Kallfaß, den sie »Hofidylle – Lavendelblau« nennt. Seit über 40 Jahren lebt sie hier mit ihrem Mann.

Der Rundgang führt über Kopfsteinpflaster im Hofraum zur parkähnlichen Anlage mit besonderen Bäumen wie Gingko, Urweltmammutbaum, Blutrotbuche, Trauerweide und Tulpenbaum zum großen Seerosenteich. Versteckt gelegen ist der Rosengarten mit historischen und wunderschön duftenden Sorten wie der »Königin von Dänemark« oder »Louise Odier«. Von hier öffnet sich der Blick über einen Sitzplatz, den Platanen vor der Sommerhitze schützen, hinweg zu einem Staudenstreifen mit Präriepflanzen und Gräsern.

In den letzten 20 Jahren hat die Hobbygärtnerin einen Ort geschaffen, der unterschiedliche Gartenstimmungen bereithält. Es werden Ausblicke in die benachbarte Natur gewährt und diese als geborgte Landschaft in den Garten einbezogen.

Der Mühlenbachgraben, der die Grenze zur Hofwiese bildet, ist mit einem langen Band blau blühender Wieseniris eingefasst. Im anschließenden, schattigen Erlenbruch säumen Farne, Anemonen, diverse Großblattstauden und frühlingsblühende Pflanzen wie Lungenkraut, Hundszähne, Waldmeister, Waldprimeln und Schachbrettblumen den Bachlauf. Dieser Gartenteil wird seit zwei Jahren gestaltet. Dabei achtet Elke Kallfaß bewusst darauf, die biologische Vielfalt zu fördern. Diverse natürlich wirkende Pflanzungen sollen aber auch ästhetische Ansprüche erfüllen. Der Gärtnerin geht es um Ökologie und Schönheit. Beides ergänzt sich besonders in diesem Gartenteil auf wundervolle Weise.

In einladenden Sitzecken können Sie die Schönheit der Natur und die erholsame Stimmung bei Kaffee und Torte genießen.

Adresse Oldendorf 6, 29465 Schnega-Oldendorf, Tel. 05842/354, E-Mail: hermann.kallfass@t-online.de | **Anfahrt** von der B 71 über Spithal nach Schnega fahren, in die Schulstraße einbiegen und dem Verlauf der Straße folgen, in Oldendorf am kleinen Dorfplatz rechts halten | **Öffnungszeiten** zu den Tagen der offenen Gärten (www.gartenraeume.eu) jeweils 11 – 18 Uhr, für Gruppen nach Vereinbarung | **Tipp** 600 Meter nördlich von Oldendorf liegt die Oldendorfer Mühle, ein schönes, renoviertes Fachwerkgebäude, im Schnegaer Mühlenbachtal. Das gepflegte Anwesen aus dem Jahre 1616 kann bei einem Spaziergang durchquert werden.

76 Die Pevestorfer Wiesen

Der frühe Vogel

Es lohnt sich, zur warmen Jahreszeit im Wendland einmal ganz frühmorgens aufzustehen, um die schöne Lichtstimmung kurz nach Sonnenaufgang zu genießen. Außer dem Zeitungsboten werden Sie zu dieser Tageszeit kaum einer Menschenseele begegnen. Die Stille wird nur durch einen wahrhaften Klangteppich, den die Natur für Sie bereithält, unterbrochen. Denn im Gegensatz zu den Menschen sind die Tiere bereits äußerst aktiv.

Einen besonders schönen Platz für einen Morgenspaziergang bieten die Pevestorfer Wiesen, die sich vom Westen des Elbholzes bis an die Nord- und Osthänge des Höhbecks erstrecken. Die Landschaft zeichnet sich durch ihre Weite aus. Bei Elbhochwasser dringt unter den Deichen das sogenannte Qualmwasser hindurch, das in den flachen Mulden auf den Auenwiesen kleine Seen bildet. Durch den ständigen Wechsel zwischen Dürre und Nässe ist ein Lebensraum entstanden, welcher für Lurche, Insekten sowie Süßwasserkrebse optimale Lebensbedingungen bietet.

Hier sind alle zehn Amphibienarten, die an der mittleren Elbe noch vorkommen, zu Hause. Darunter die Rotbauchunke, der Grasfrosch sowie die Knoblauchkröte. Die Flora ist besonders vielfältig. So wurden einzigartige Orchideen und das stark gefährdete, leuchtend blau blühende sibirische Silbergras (*Iris sibirica*) nachgewiesen. Vögel fühlen sich dort ebenfalls wohl. Die im Bundesgebiet immer seltener werdenden Wiesenvögel Kiebitz, Bekassine und Braunkehlchen nisten an diesem Ort in hoher Zahl. Durch Biotoppflegemaßnahmen brüten dort auch wieder Kraniche, Graugänse oder Drosselrohrsänger, die bereits völlig aus dieser Gegend verschwunden waren.

Ein rund fünf Kilometer langer Wanderweg führt um die Pevestorfer Wiesen herum. Wenn der Tau am Morgen noch auf den Blättern liegt, wirkt das Grün umso frischer und intensiver. Nach dem Spaziergang in der herrlichen Natur schmeckt das Frühstück noch mal so gut.

Adresse 29478 Höhbeck-Pevestorf | **Anfahrt** von der B 493 bei Gartow in die L 258 abbiegen, für circa 5 Kilometer dem Verlauf der Straße bis nach Pevestorf folgen, am besten in der Nähe des Lindenkrugs parken, dahinter beginnen die Pevestorfer Wiesen | **Tipp** Wenn Sie von Ihrer Wanderung hungrig zurückkommen, können Sie im Lindenkrug ein leckeres Frühstück bekommen.

77 Die Safterei Voelkel

Aller Anfang ist schwer

Heute zählt die Naturkostsafterei Voelkel zu den erfolgreichsten Unternehmen im Wendland. Dabei war der Start der Firmengründer mehr als holprig. Karl und Margaret Voelkel gehörten zu den Pionieren, die als Wandervögel im Jahr 1919 in die Region kamen und sich am Höhbeck niederließen (siehe Kapitel 11).

Für die Städter war die Umstellung aufs Landleben schwer. Es mangelte ihnen nicht nur an Erfahrung, sondern auch am nötigen Startkapital. Ein Fertigheim, dessen Bau ein zur Wandervogelbewegung gehörender Architekt aus Süddeutschland günstig anbot, sollte als neues Zuhause dienen. Es wurde jedoch nie geliefert, da die Firma insolvent ging. Das bereits angezahlte Geld war somit verloren, und die Familie, deren erster Sohn bereits geboren war, musste erst mal weiter in einer kleinen Hütte, die ursprünglich nur als Übergangslösung gedacht war, wohnen.

Die Neusiedler ließen sich jedoch nicht unterkriegen. Sie ernährten sich überwiegend von dem Obst, das sie in ihrem Garten nach anthroposophischem Prinzip anpflanzten. Daraus entwickelte sich später der Demeter-Gedanke. Nachdem Karl Voelkel sich in verschiedenen Jobs ausprobiert hatte, kaufte er eine fahrbare Saftpresse, den »Mostmax«. Gemeinsam mit seiner Frau fuhr er damit über die Dörfer und presste Saft aus dem Obst, das ihm die Leute brachten. Einige Jahre später, 1936, erwarben die Voelkels eine stillgelegte Meierei in Pevestorf am Fuße des Höhbecks und gründeten dort eine Biomosterei.

Mitte der 40er Jahre übernahm Sohn Harm den Betrieb. Er baute den Vertrieb überregional aus und erweiterte das Sortiment. Bereits unter seiner Leitung wurden frische Wildfrüchte zu leckeren Säften verarbeitet. Anfang der 80er ging das Zepter an Stefan Voelkel über. Durch seinen Einsatz wurde aus der Naturkostsafterei ein modernes, internationales Unternehmen, das heute mehr als 170 Produkte in Demeter- und Bio-Qualität anbietet.

Adresse Voelkel GmbH, Fährstraße 1, 29478 Höhbeck-Pevestorf, Tel. 05846/9500, voelkeljuice.de/startseite.html | **Anfahrt** von der B 493 bei Gartow in die L 258 abbiegen, für circa 5 Kilometer dem Verlauf der Straße nach Pevestorf folgen, der Betrieb liegt am Ortseingang | **Öffnungszeiten** einmal im Jahr Betriebsführung; auf einer Tour zu den Wandervögeln bekommt man die erste Apfelbaumwiese der Familie Voelkel zu sehen – den Ort, wo die Erfolgsstory begann | **Tipp** Etwa vier Kilometer entfernt liegt der Restorfer See, der zum Spaziergang einlädt. In Restorf finden Sie zum Teil noch reetgedeckte Häuser und die größte Kirche der Region.

78 Das Insektenhotel

Komfortzonen für die Bienen

So manch ein Städter mag sich über die merkwürdigen Holzkonstruktionen wundern, welche verteilt im Landkreis zu finden sind. Es handelt sich dabei nicht um Kunstwerke, sondern um Nistkästen für Insekten. Diese Tierhotels dienen als Bruthilfen sowie zur Überwinterung. Je nach Kerbtierart ist der Anspruch an den Wohnraum unterschiedlich. Deshalb sind die Boxen mit Materialien wie Schilf- und Bambusrohr, Totholz, Ziegelstein, Dachhohlziegel oder Stroh bestückt. Zwischen Frühjahr und Spätsommer sollte das Haus an einem sonnigen, aber regengeschützten Ort aufgestellt werden. In der Nähe sollte ein Nahrungsangebot an Heil- und Gewürzkräutern, aber auch Gemüse und Obst sowie Sträucher und Bäume vorhanden sein.

Einige der Insektenhotels sind im städtischen Mehrgenerationenhaus von Lüchow entstanden. Die Räumlichkeiten des Jugendtreffs (Jugend + Treff = Jeff) wurden vor einigen Jahren umfassend saniert. Die durch den Umbau gewonnenen Außenflächen sind in generationsübergreifenden Projekten verschönert worden. Um einen Beitrag zum Thema Natur- und Umweltbildung zu leisten, hat man neue Wege mit Nasch- und Duftbeeten, einen Barfußweg und eine kleine Streuobstwiese angelegt.

Auch ins Programm wurden ökologische Angebote aufgenommen. Seither können Jugendliche bei »Jeff« Insekten-, Vogel- oder Fledermauskästen bauen. Bei der Umsetzung der Ideen half eine Kooperation mit dem Verein für Naturkunde in Lüchow. Zur Orientierung stehen Musterexemplare zur Verfügung. Das Material wird bereitgestellt. Über Größe und Füllmaterialien kann jeder selbst entscheiden.

Die Teilnehmer haben viel Spaß beim Bau der Nisthilfen. Denn der Zeitaufwand ist relativ gering, und am Ende des Projekts halten sie ein Ergebnis in Händen, welches sie mit nach Hause nehmen oder im Garten des Mehrgenerationenhauses aufhängen können. Und sie haben etwas für die Umwelt getan.

Adresse 29439 Lüchow-Plate | **Anfahrt** von der B 248 in Richtung Müggenburg abbiegen und die 1. nach rechts nehmen, das Insektenhotel befindet sich auf der rechten Seite | **Tipp** Wenn Sie zurück auf die B 248 fahren, finden Sie dort das Möbelhaus WÖM mit schönen Einrichtungsgegenständen aus Naturholz. Der Name steht für: wendländische, ökologische Möbel. Eine Stärkung bekommen Sie in der vorm Möbelhaus gelegenen »Kulturbarbarei«.

79__Der Opferstein

Spiritueller Hexentreffpunkt

In der magischen Kulisse des wunderschönen Wendlands überlebte auch die alte Heilertradition. Jedes Dorf hat seine Hexe oder seinen Heiler. Jeder weiß das und tuschelt gern darüber.

Einige Hexen und Heiler haben sich zusammengetan, um sich auszutauschen. Es gibt einen »Hexenstammtisch«, zu dessen zehnjährigem Jubiläum ein Buch erschienen ist. Herausgeberin des Buches »Das Wendländische Hexenvolk« ist Dr. Eva Bothe, die uns zum Opferstein von Plumbohm führt.

Dies ist ein magischer Ort, eine uralte Kultstätte am Waldrand, die auch heute noch von Hexen gern genutzt wird. Der Monolith misst fünf mal zwei Meter und weist zwei Vertiefungen auf, die Blutrinnen. Früher war es üblich, hier Tiere zu opfern. Ihr Blut ließ man durch die Aushöhlung abfließen, um Mutter Erde ein Geschenk zu bereiten und für gute Ernte, Gesundheit oder um Hilfe zu bitten. Ein Ritual, wie es auch in der heutigen Hexenwelt noch stattfinden könnte.

Der Stein wird hierfür von Blättern befreit und als Altar betrachtet, der die Verbindung zur Erde herstellt. Er wird mit verschiedenen Gegenständen geschmückt, die so hingelegt werden, dass sie die Form eines Pentragramms bilden, das wohl wichtigste Symbol des Hexen-Universums. Sie symbolisieren die Elemente Erde, Feuer, Wasser, Luft und den Geist. Die Kerze beispielsweise steht für das Feuer und die Feder für Luft. Der Geist – oder Äther – ist die Hexe selbst, die alles miteinander vereinigt. Die Hexe stimmt sich mental ein und reinigt sich und die anderen Teilnehmer mit Weihrauch oder wohlriechenden Kräutern. Nun treten die Teilnehmer in den vorbereiteten Kreis. Die Göttin wird um Beistand gebeten. Der Rest ist für jedes Fest des Jahreskreises individuell und geheim.

Vier der acht Hochfeste richten sich nach dem Voll- oder Neumond. Die anderen nach den Tag- und Nachtgleichen im Frühjahr und Herbst sowie den Sonnenwenden im Sommer und Winter.

Adresse 29473 Göhrde-Plumbohm | Anfahrt von der B 216 bei Metzingen in die K 8 in Richtung Pudripp einbiegen, nach etwa 2 Kilometern liegt Plumbohm auf der linken Seite, auf dem Anliegerweg, der zwischen den Häusern beginnt, Richtung Norden gehen, Opferstein nach etwa 400 Metern auf der linken Seite | Tipp Sabine Schüssler hat einen sehr schönen Garten in Plumbohm 1, den sie unter dem Motto »Struktur trifft Üppigkeit« gestaltet hat.

80__Der Sonnenuntergangs-Spot

Wo die Abenddämmerung am schönsten ist

Das Wendland ist ein Paradies für Naturliebhaber. Für die Romantiker unter uns gibt es unzählige Orte, an denen sich der Sonnenuntergang auf besonders spektakuläre Weise erleben lässt. Eingebettet in üppige Natur, bieten Elbe, zahlreiche Seen oder auch weite Felder oder Anhöhen das perfekte Panorama, um das Abendlicht mit der Kamera festzuhalten. Nordwestlich von Dannenberg liegt das kleine Rundlingsdorf Predöhlsau. Bei klarem Himmel lohnt es sich, die Stimmung zum Tagesende dort zu genießen. 15 Teiche, wohl die Reste eines ehemaligen Elbarms, umschließen die Gemeinde. Vom Deich am Ortsende hat man einen herrlichen Ausblick auf die Auenlandschaft. Der Moment, in dem sich der rötlich gefärbte Sonnenball auf der Wasseroberfläche spiegelt, ist schlichtweg ergreifend. Das Dorf hieß früher einmal Predöhl. Da es jedoch nach Zusammenlegung der Kreise Lüchow und Dannenberg im Jahr 1932 zwei Predöhls gab – das andere befindet sich im Lemgow –, wurde das in der Elbmarsch liegende kurzerhand in Predöhlsau umbenannt.

Im Jahr 2017 lebten in dem Dorf noch 37 Menschen. In den Nachkriegsjahren sollen es einmal über 100 gewesen sein. Entweder wird man in Predöhlsau geboren, oder man folgt seinem Ehepartner hierher. Eine andere Variante gibt es kaum.

Trotz der geringen Bevölkerungszahl hat Predöhlsau einige Superlative vorzuweisen. Besonders stolz sind die Bewohner darauf, dass das Pferd, mit dem die Springreiterin Lesley NcNaught bei den Olympischen Spielen 2000 die Silbermedaille gewann, in ihrem Ort aufwuchs. Als die Kuh eines Bauern ihren hunderttausendsten Liter Milch ablieferte, freute sich nicht nur der Bauer, sondern alle feierten gemeinsam ein Fest. Es gäbe noch eine ganze Reihe weiterer Rekorde aufzuzählen. Nicht zu vergessen wäre dabei der wohl schönste Sonnenuntergangs-Spot der Region.

Adresse 29451 Dannenberg-Predöhlsau | Anfahrt von der B 191 Richtung Dannenberg Stadtmitte, am westlichen Ende der Marschtorstraße bei der Tankstelle auf die K 13, nach 3 Kilometern nach links abbiegen und bis Predöhlsau fahren, durch den Ort bis zum Deich fahren (dort ist der Blick besonders schön) | Tipp Entdecken Sie auch die von Gehölzen umgebenen Bracks bei Predöhlsau, entstanden durch einen Deichbruch im Jahr 1762. In dieser Gegend fühlt sich der Laubfrosch besonders wohl. Zur Laichzeit von April bis Juni können Sie sein Gequake besonders lautstark vernehmen.

81__Der Arche-Hof

Noah hätte er sehr gefallen

»Welches Schweinderl hätten S' denn gern?«, fragte Quizmaster Robert Lembke 30 Jahre lang seine Gäste. Sie sollten ein mit Geld zu füllendes Sparschwein wählen.

Von welchem Schwein(derl) stammt wohl Ihr Kotelett? Haben Sie denn noch eine Wahl? Die heutige Massentierhaltung fördert die Konzentration auf wenige Hochleistungs-Tierrassen. Folgen sind hohe Verluste an Biodiversität und Genpotenzial sowie kulinarische Monokultur, beim Schwein wie auch bei anderen Tierarten. Früher weit verbreitete Nutztierrassen sind ausgestorben oder nur in wenigen Exemplaren erhalten, die auf der Roten Liste gefährdeter Arten stehen.

Das Wendland ist Teil der Arche-Region Flusslandschaft Elbe. Über 150 Halter setzen sich hier für gefährdete Tierarten ein, für Rinder, Schafe, Ziegen, Schweine und für Geflügel – als Nutztiere wie auch als Kulturgut. Mehr als 20 dieser Betriebe informieren Besucher über ihre Rettungsarbeit, wie der Arche-Hof Bense, den Heidrun und Harry Bense in dritter Generation bewirtschaften.

Die beiden wollten wissen, was sie essen, begannen 1995 ein normales Hausschwein zu mästen. Im Jahre 2000 kam die Sau Lotti auf den Hof, ein Buntes Bentheimer Schwein. Die Rasse zeichnet sich durch hohe Fruchtbarkeit und exzellente Fleischqualität aus, eignet sich aber nicht für die Massentierhaltung und ist deshalb extrem gefährdet. In ganz Deutschland gab es 1997 noch 80, 2016 wieder rund 600 Tiere. Lotti hat dazu 240 Ferkel beigetragen. Der Hof Bense sorgt auch für das Überleben von Bentheimer Landschafen und von Geflügel wie dem schwarz-weiß gemusterten Deutschen Sperber und den Diepholzer Gänsen.

Überleben? Harry Benses Motto heißt: »Erhalt durch Aufessen«. Der Hofladen bietet entsprechend eine umfangreiche Palette an Wurstwaren und weiteren Fleischprodukten, wie auch anderes Hofladen-Typisches. Da können Sie sich mal ein anderes Schwein(derl) aussuchen als sonst immer im Supermarkt.

Adresse Arche-Hof Bense, Dorfstraße 11, 29488 Rebenstorf, Tel. 05841/6686, E-Mail: heidrun.bense@gmx.de, www.g-e-h.de | **Anfahrt** von der B 248 bei Lübbow in die L 260 abbiegen und 2 Kilometer bis Rebenstorf fahren, der Hof liegt gegenüber der Kirche | **Öffnungszeiten** Hofladen: Do und Fr 17.30 – 19 Uhr, Sa 10 – 12 Uhr, Nov. – März Sa 10 – 12 Uhr, Hofbesichtigung auf Anfrage | **Tipp** Der Landgasthof Rieger im Nachbarort Dangenstorf ist bekannt für seinen Schwenkbraten vom Schwein (Dörpstroat 33, Tel. 05883/638, www.landgasthof-rieger.de).

82 Der Findlingspark

Reise in die Vergangenheit

Die Clenzer Heide ist besonders dünn besiedelt. Erst nachdem er mehrere Kilometer durch die reich bewaldete Hügellandschaft gefahren ist und kaum ein Haus zu Gesicht bekommen hat, gelangt der Besucher zum Findlingspark von Reddereitz, der am Osthang des Höhenzugs Drawehn liegt.

In dem geologischen Lehrgarten werden Sie mit auf eine Reise in die früheste Vergangenheit unseres Planeten genommen. Ein 270 Meter langer, spiralförmiger, von Findlingen und Wacholder gesäumter Weg geleitet rund viereinhalb Milliarden Jahre zurück. Weiterführende Informationen zur Erd- und Kulturgeschichte kann man einer bebilderten Dokumentation entnehmen.

Wir erfahren, dass die Erde unter unseren Füßen erdgeschichtlich betrachtet einem ständigen Wandlungsprozess unterzogen ist. Wie bei den Lebewesen auch gibt es verschiedene Entwicklungsstadien. Die Gesteine sind von Alter und Größe her sehr unterschiedlich. Sie reichen vom faustgroßen Winzling bis hin zum Zehn-Tonnen-Giganten. Anhand der Anordnung des Wacholders lassen sich die einzelnen Epochen gut erkennen. Hinsichtlich der Bearbeitung sowie Sprengung der Steine kann man deutliche Abweichungen feststellen. Es gibt einige sehr schöne Exemplare aus mittelalterlicher Herstellung zu erkunden.

Wenn man die Gesteine ganz in Ruhe auf sich einwirken lässt, wird man ihre Ästhetik erkennen. Achten Sie darauf, auf welch unterschiedliche Weise sie von Menschenhand optimiert wurden. Dann werden Ihnen auch die vielfältigen Farbnuancen auffallen und Sie sehen, dass ein Stein nicht einfach nur grau ist.

Der Findlingspark ist nicht nur ein lehrreicher Ort für Menschen, sondern bietet auch Tieren, Moosen und Flechten einen Lebensraum. Für Spaß und Bewegung bei den kleinen Besuchern ist ebenfalls gesorgt. Neben Steinbergen und Tierweitsprung bietet der Spiel- und Erlebnisbereich ein Baumhaus, eine Seilbahn sowie einen Kletterbaum.

Adresse Findlingspark Clenzer Schweiz, Reddereitz 8, 29459 Clenze-Reddereitz | **Anfahrt** von der B 493 in Zarenthin auf die K 30/K 24 Richtung Clenze abbiegen und circa 6,5 Kilometer dem Verlauf der Straße folgen | **Tipp** In der Nähe des Parks finden Sie den Landgasthof Heidehof. Dort bekommen Sie leckere regionale Spezialitäten und zum Kaffee selbst gebackenen Kuchen und Torten.

83__Das Yoga-Forsthaus

Vom Albtraum zum Traumhaus

Als Elisabeth Hafner-Reckers im Jahr 2009 zum ersten Mal das Zuhause ihres neuen Freundes betrat, lief ihr ein eiskalter Schauer über den Rücken. Denn das Grundstück war ihr viel zu groß, und das alte Forsthaus hinterließ einen düsteren ersten Eindruck. Dennoch gelang es ihrem späteren Ehemann, sie alleinig mit einer Postkarte, die eine alte Zeichnung des Anwesens zeigte, umzustimmen. Auf der Rückseite der längst verblichenen Ansichtskarte gab es einen Vermerk, dass sich das Originalbild im Besitz einer Familie Koch aus Bremen befände. Es waren zufälligerweise gute Bekannte von Elisabeth Hafner-Reckers, die selbst aus der Stadt an der Weser stammte. Sie recherchierte und erfuhr, dass ein Vorfahre der Familie einst als Hauslehrer in der Försterei beschäftigt war. Später heiratete er sogar die Tochter des Försters. Diese ungeahnte Verbindung zu dem alten Haus deutete sie als Wink des Schicksals und konnte gar nicht mehr anders, als einige Jahre später dem Mann ihres Herzens in sein damals noch renovierungsbedürftiges Heim zu folgen.

Mittlerweile wurde die ehemalige Försterei auf Hochglanz gebracht, und die frühere Krankenschwester hat sich darin einen Lebenstraum erfüllt. Im Dachgeschoss eines der Nebenhäuser hat sie sich einen hellen, freundlichen Yoga-Raum eingerichtet. Früher praktizierte sie Yoga zum beruflichen Ausgleich, später sattelte sie ganz um. Für gestresste Kurzurlauber, die auf der Suche nach aktiven Entspannungsmöglichkeiten sind, bietet sie regelmäßig an den Wochenenden und auf Wunsch auch in der Woche dreitägige Yoga-Kurse an. Ein Teil der Kursgebühren wird oft von den Kassen übernommen. Eine liebevoll hergerichtete Unterkunft und ein reichhaltiges Bio-Frühstück sind inklusive.

Sehr gut kommen auch die Kombikurse an, die in Zusammenarbeit mit ausgewählten Experten angeboten werden. Mögliche Themen sind Ernährung, Reiten, Ayurveda oder Musik.

Adresse Altes Forsthaus, Otto-Koke-Weg 1, 29439 Rehbeck, Tel. 05841/973818, E-Mail: mail@forsthaus-rehbeck.de | Anfahrt von der B 248/B 493 nördlich Lüchow nach Norden in die Seerauer Straße, nach 200 Metern nach links abbiegen und für 2 Kilometer der K 33 nach Rehbeck folgen, im Ort die 1. Möglichkeit nach rechts wählen und gleich wieder rechts | Tipp In Rehbeck finden Sie die Bäckerei Marie-Louise Schrödel, in der auch Backkurse und eine Nudelwerkstatt angeboten werden.

84_Der Breeser Grund

Gute Hute im Märchenwald

Mitten in dem großen Waldgebiet Göhrde liegt der Breeser Grund, im nordwestlichen Teil des Höhenzugs Drawehn. Wer die offene, verwunschen erscheinende Landschaft betritt, unternimmt eine Zeitreise. So wie hier haben vor gut 250 Jahren große Teile des Drawehns ausgesehen: Einzelne Bäume oder Baumgruppen ragten aus weitläufigen Heideflächen und Feldern hervor.

Der Breeser Grund ist ein seit dem Jahr 1985 bestehendes 187 Hektar großes Naturschutzgebiet aus mehreren Landschaftsteilen. Von herausragender Schönheit und Bedeutung ist der im nordöstlichen Teil gelegene, verheidete Traubeneichenhutewald. Hutewälder oder Hutungen waren als Weide genutzte Wälder, für die die Bauern der Umgebung verbriefte Nutzungsrechte hatten. Damit war ihnen erlaubt, ihr Vieh, meistens Schweine, in den Wald zu treiben und sie dort mit Eicheln und Bucheckern zu mästen, nach dem Motto: »Die besten Schinken wachsen unter Eichen.« Hute oder Hude war eines der ältesten und wichtigsten Haustierhaltungsverfahren, eine landwirtschaftliche Praxis, die Tausende Jahre lang Bestand hatte. Diese Form der Beweidung unterdrückte den Aufwuchs von Baumsämlingen, alte Nährbäume ließ man stehen. Eichen, welche in einem natürlich aufwachsenden Wald durch Buchen verdrängt würden, wurden durch diese Hutewirtschaft gefördert und wurden zu oft mächtigen Solitäreichen.

Auf ärmeren Böden wie im Drawehn breitete sich die Heide aus, langsam entstanden lichte Wälder oder verblieben Baumgruppen zwischen den Weiden.

Erst mit dem neuzeitlichen Ackerbau und der Ablösung der verschiedenen Nutzungsrechte im 18. und 19. Jahrhundert ist die Waldweide in vielen Teilen Mitteleuropas verschwunden. Im Breeser Grund wird ein überkommener Hutewald als Naturlandschaft erhalten, allerdings ohne dem beschriebenen wirtschaftlichen Zweck zu dienen. Diese alte Landschaftsform erscheint uns heute recht märchenhaft (siehe Kapitel 85).

Adresse bei 29499 Zernien-Riebrau, Koordinaten des östlichen Eingangs: UTM 32.624.407/5.884.587 | **Anfahrt** von der B 191 in Zernien nach Norden in die K 21 abbiegen und 3 Kilometer bis Riebrau fahren, vom südwestlichen Ortsausgang Riebraus 1,7 Kilometer in nordwestlicher Richtung durch den Wald, der Ausschilderung mit einem »X« und einem weißen Dreieck folgen | **Tipp** Sehenswert in Riebrau ist das Ensemble aus Fachwerkkirche von 1763 und Pfarrhaus von 1734, einem der ältesten Vierständerhäuser im Wendland.

85__Der Hutewaldhof

Von glücklichen Schweinen

In Zeiten, in denen sich die Skandale um Industriefleisch häufen, möchte so manch einer doch gern wissen, woher das Schnitzel auf seinem Teller stammt. Auf dem Hutewaldhof in Riskau hat man Gelegenheit, den Schweinen bei ihrem Zeitvertreib zuzuschauen, und kann sogar sein eigenes Schwein leasen.

Trotz aller bürokratischer Hürden ließen sich die diplomierte Agrarökologin Kathrin Ollendorf und ihr Partner Holger Linde, der von einem Bauernhof aus der Region stammt, nicht entmutigen und verwirklichten hier ihren Traum vom ersten Hutewaldhof in Norddeutschland. Die Masttiere der Rasse Angler-Sattlerschwein können ihr Dasein auf dem Anwesen in der Nähe von Dannenberg ganz entspannt genießen. Sie leben bis zur Schlachtung mindestens ein Jahr und sind ausschließlich im Freien. Ihre Zeit verbringen sie mit ausschlafen, herumtollen, wühlen oder suhlen. Sie fressen Pflanzen und Bodentiere und bekommen ein ausgewogenes Zusatzfutter ohne Gensoja.

Die schönste Jahreszeit für die Borstentiere ist der Herbst. Denn von Oktober bis Dezember steht ihnen zusätzlich zur Weide ein Eichenmischwald offen, um sich dort an den Schätzen der Natur zu bedienen. Bereits unsere Vorfahren vor mehreren hundert Jahren nutzten den Wald als Weide. Aus dieser Zeit stammt der Begriff Hutewald (siehe Kapitel 84).

Sie können in Riskau eine Hofführung bekommen sowie Fleisch- und Wurstprodukte kaufen. Wenn Sie ein Schwein leasen möchten, zahlen Sie einen monatlichen Betrag für Kost und Logis. Zum Schlachtzeitpunkt können Sie dann selbst entscheiden, zu welchem Anteil Sie Fleisch und Wurst wünschen. Es besteht auch die Möglichkeit, sich ein Tier mit jemandem zu teilen.

Den Züchtern geht es darum, glückliche Schweine aufzuziehen. Das spüren auch die Tiere, die sich sauwohl fühlen. Freudig grunzend kommen sie angerannt, wenn einer der »Hirten« sich der Koppel nähert, und lassen sich ausgiebig liebkosen.

Adresse Kathrin Ollendorf, Hutewaldhof, Riskau 16, 29451 Dannenberg-Riskau, Tel. 05861/9858248, E-Mail: info@hutewaldhof.de | **Anfahrt** von der B 216 in die Ortschaft Riskau einbiegen | **Öffnungszeiten** nach telefonischer Anmeldung | **Tipp** Im 12 Kilometer entfernten Nieperfitz 5 bei Familie Fischer lebt eine Herde Wollschweine, die sehr putzig sind. Es wird darum gebeten, die Hinweistafel zu beachten. Vielen Autofahrern ist Riskau wegen seiner Radarfalle bekannt. Das Wendland ist reichlich mit dieser unliebsamen Art von »Selfiekameras« gespickt.

86__Der Totenwald

Auf den Spuren des Göhrde-Mörders

Im heißen Sommer 1989 geschahen im Nordwesten der Göhrde zwei Doppelmorde. Ein Hamburger Ehepaar und ein heimliches Liebespaar aus Hannover und Uelzen wurden in der Nähe der Waldabschnitte Jagen 147 und 138 brutal umgebracht. Beide Male tötete der Täter Paare mittleren Alters, beide Male entwendete er die Autoschlüssel und fuhr mit den Pkws seiner Opfer fort.

Sieben Wochen nach dem ersten Mord fanden Beerensammler die größtenteils skelettierten Leichen unter einem Reisighaufen, aus dem eine Hand ragte. Die Todesursache: Erschießen, Erwürgen oder Erschlagen? Zwei Wochen später entdeckten Polizeibeamte im Rahmen einer Spurensuche für den ersten Doppelmord zufällig die Leichen des zweiten Paars. Sie waren genau an dem Tag erschossen worden, an dem die Polizei vor Ort die Ermittlungen zum ersten Mordfall aufnahm, nur 800 Meter vom ersten Tatort entfernt.

Einer Sonderkommission mit bis zu 50 Beamten gelang es trotz über 2.000 Hinweisen nicht, die Verbrechen aufzuklären. In der Region ging die Angst um, Alteingesessene und Wanderer trauten sich lange nicht, den »Totenwald« zu betreten.

Die Göhrde-Morde gehören zu den unheimlichsten Mordfällen der deutschen Nachkriegszeit, von denen die Medien bis heute berichten. Zahlreiche Theorien über die Tatabläufe und die Motive des Täters wurden jahrzehntelang diskutiert. Im Internet werden bei allmystery.de auf 700 Seiten immer weiter alle Details des Falles dekliniert.

In den letzten Jahren hing die Hoffnung auf Aufklärung an zwei Haaren, die in einem der Autos gefunden wurden. Die Lösung des Falles lag schließlich in der Verknüpfung mit einem anderen Mordfall, den der Bruder des Opfers, der ehemalige Chef des Landeskriminalamtes Hamburg, aufklären half. Im Dezember 2017 gab die Polizei Niedersachsen bekannt, dass sie einen Gärtner für die Göhrde-Morde für dringend tatverdächtig hält. Dieser hatte sich 1993 erhängt.

Adresse südlich der Försterei Röthen in 21369 Nahrendorf-Röthen, UTM-Koordinaten 32.619.613/5.889.233, www.die-goehrde-morde.de | **Anfahrt** östlich Dahlenburg von der B 216 in Oldendorf Richtung Himbergen, 2 Kilometer bis zur Försterei Röthen, nach weiteren 400 Metern bei Jagenstein 168/146 parken, zu Fuß nach Westen 700 Meter ins Naturschutzgebiet Kellerberg, am Ende des Weges links, 450 Meter bis zum Jagenstein 138/147, rechts des Weges | **Tipp** Zwischen Oldendorf und Göhrde befindet sich an der B 216 das Denkmal der Göhrdeschlacht im Jahr 1813. Diese wird als Reenactment alle zwei Jahre nachgespielt (www.goehrdeschlacht.de).

87__Das Herrenhaus

Erholung im Turbogang

Als der Politologe und ehemalige Bundestagsmitarbeiter Heinz Laing des Großstadtlebens überdrüssig wurde, entschied er sich im Jahr 1999 spontan, im Wendland eine neue Existenz zu gründen. Drei Tage nachdem er den heruntergekommenen Gutshof in Salderatzen besichtigt hatte, hielt er bereits die Schlüssel in Händen. Er wollte an diesem Ort ein Gasthaus nach seinen Vorstellungen entstehen lassen. Erfahrung brachte er nicht mit, er hatte lediglich eine große Portion Optimismus im Gepäck.

Jahre später, nach dem Einsatz vieler Arbeitsstunden, erstrahlt das alte Herrenhaus schließlich in neuem Glanz. Nach Annehmlichkeiten wie einem Fernseher oder einer Minibar sucht der Gast in dieser stressfreien Zone aber vergeblich. Dafür kann er zwischen 15 Themenzimmern, die alle individuell und mit viel Liebe fürs Detail eingerichtet wurden, wählen. Im Rosenzimmer beispielsweise findet man nicht nur Blütenmotive an den Wänden und auf der Bettwäsche, sondern wird bereits von einem dezent blumigen Duft begrüßt. Der Fifties-Room lässt seine Bewohner in Nostalgie schwelgen, und im Diana-Raum werden Prinzessinnenträume wahr. Das ganze Haus wurde mit Bildern und Skulpturen von Künstlern aus der Region geschmackvoll dekoriert.

Das Herrenhaus ist weniger ein Familienhotel, sondern richtet sein Angebot an Gäste, die ohne Kinder unterwegs sind. Neben Einzelreisenden und jungen Paaren kommen oft auch Eltern, die sich eine kurze Auszeit gönnen. Zu Weihnachten und Silvester gibt es spezielle mehrtägige Angebote inklusive Übernachtung und Verpflegung. Highlights sind die »schwule Landpartie« sowie der Christopher Street Day, die hier seit vielen Jahren ausgerichtet werden.

Wer einmal das Herrenhaus besucht hat, kommt gern wieder. Denn, so bekunden es die Stammgäste, ein Kurzurlaub im Hause von Herrn Laing sei mindestens genauso erholsam wie ein Langzeiturlaub an einem anderen Ort.

Adresse Salderatzen 3, 29496 Waddeweitz-Salderatzen, Tel. 05849/971018 | **Anfahrt** von der B 493 nach Salderatzen abbiegen, das Herrenhaus steht auf der rechten Seite | **Tipp** Der Laden von Frau Süßmilch an der B 493 am Ortsausgang bietet neben Naturkost und Produkten von den umliegenden Höfen ein breites Angebot an unverpackten Lebensmitteln.

88 Der Michaelshof

Balsam für die Seele

Ein Ort, der sich für einen Ausflug ins Grüne anbietet, ist der Michaelshof in Sammatz. Der wunderschöne Garten sowie ein erst im Jahr 2017 fertiggestellter und mitten im Wald gelegener See laden zum Verweilen und Spazierengehen ein. Das Hofcafé wartet mit einer großen Auswahl an leckeren Torten und Bio-Eisspezialitäten auf, die man während der warmen Jahreszeit auch auf der Außenterrasse genießen kann. Im Hofladen erhalten Sie leckeres Brot, Milch- sowie Wursterzeugnisse aus eigener Herstellung. Familien mit Kindern empfiehlt sich ein Besuch auf dem Arche-Hof, auf dem die Tiere artgerecht gehalten werden.

Es gibt eine kleine Meierei, in der Käse aus Kuh-, Ziegen- und Schafsmilch produziert wird. Einmal im Monat besteht die Möglichkeit, den Käsern bei der Arbeit zuzuschauen. Die Kräuter und Heilpflanzen, die in den Gärten wachsen, werden zu Tees und Gewürzen verarbeitet.

Gepflegt wird das Anwesen von seinen Bewohnern, die sich aus etwa 75 festen Mitarbeitern mit ihren 30 Kindern sowie 34 weiteren Kindern und Jugendlichen, die dort in Wohngruppen leben und besonderer menschlicher Zuwendung bedürfen, zusammensetzen. Hinzu kommen 30 bis 60 Work-and-Travel-Studenten aus aller Welt, die das Team für Kost und Logis unterstützen. Die Gemeinschaft lebt nach den anthroposophischen Grundsätzen Rudolf Steiners zusammen, der nachhaltige Umgang mit der Natur sowie die Pflege der menschlichen Seele stehen im Mittelpunkt.

Verwaltet wird der Verein Michaelshof von der »Sammatzer Arbeits- und Lebensgemeinschaft« (SAL). Ein Großteil der 163 Einwohner des Dorfes ist in den Betrieb mit eingebunden. Angefangen hat einmal alles ganz klein in den 1980er Jahren, als drei Familien auf diesem ehemaligen Bauernhof eine sozialpädagogische Arbeit sowie ein Seminar für junge Erwachsene gründeten. Ein Besuch auf dem Michaelshof ist die perfekte kleine Auszeit vom Alltag.

Adresse Im Dorfe 3, 29490 Sammatz, Tel. 05858/97030, info@sammatz.de | Anfahrt von der B 216 westlich Göhrde auf die K 15 abbiegen, nach 5 Kilometern rechts in die L 231 und dann nach links abbiegen, das Café befindet sich auf der rechten Seite | Öffnungszeiten Café: Mo 8–10 Uhr, Di–Fr 8–11 und 14.30–18 Uhr, Sa 8–18 Uhr, So und Feiertage 9.30–18 Uhr | Tipp Einen etwa einstündigen Spaziergang entfernt liegt das Dorf Schutschur, von dem aus Sie einen malerischen Blick auf die Elbe haben.

89 Das »verfluchte« Dorf

Wendland zum Fürchten

Es gibt viele Sagen und Geschichten über das Wendland, die mitunter sehr schaurig sind. Eine davon spielt im Dörfchen Satemin, das heute der größte und einer der schönsten Rundlinge ist. Nachdem ein Feuer im Jahr 1850 alle Häuser zerstörte, wurde er in einheitlicher Bauweise wieder aufgebaut und ist bis heute in dieser Form erhalten geblieben.

Früher gab es den sogenannten Kiekemarkt. Der hieß so, weil es nicht nur ein Verkaufsevent war, sondern an erster Stelle heiratswilligen Männern die Gelegenheit bot, nach einer Braut Ausschau zu halten. Anhand der Qualität der Kleidung konnten sie Stand und Vermögen der Zukünftigen in spe abschätzen.

Vor langer Zeit soll sich eine sagenhafte Geschichte zugetragen haben: Ein junger Bauer hatte sich in eine wunderhübsche Frau verliebt. Es gab jedoch ein Problem: Die Auserwählte war nur eine Magd und damit bettelarm. Das missfiel seinem Vater, und so untersagte er dem Paar, vor seinem Tod zu heiraten. Hätte sein Sohn eine andere Braut gewählt, wären ihm Haus und Hof noch zu Lebzeiten des Vaters überschrieben worden.

Viele Jahre vergingen, und der Alte dachte gar nicht ans Ableben. Als die Heiratswilligen des Wartens überdrüssig wurden, schmiedete die Frau, die auch Kräuterexpertin war, einen teuflischen Plan. Sie schlug vor, den Vater zu vergiften. Der junge Bauer, der seine Auserwählte nicht verlieren wollte, stimmte zu. Er selbst brachte seinem Vater das Bier mit der tödlichen Substanz aufs Feld. Dieser starb bald, nachdem er es in einem Zug geleert hatte. Da er jedoch den Plan durchschaut hatte, verfluchte er den Sohn mit seinem letzten Atemzug.

Kurz nach der Beerdigung fand die lang ersehnte Hochzeit statt. Überlebt hat das Paar diesen Tag jedoch nicht … Die ausführliche Version sowie andere unheimliche Geschichten finden Sie in den Büchern von Undine Stiwich, der Expertin für Sagen aus dem Wendland.

Adresse 29439 Lüchow-Satemin | **Anfahrt** von der Kreuzung B 248/B 493 nördlich Lüchow auf der Dannenberger Straße Richtung Stadtmitte Lüchow, nach 2 Kilometern nach rechts in die Drawehner Straße abbiegen und dieser nach Satemin folgen | **Tipp** Im Café und Restaurant Markthof Satemin gibt es leckere Torten. Abends kann man die regionale Küche genießen.

90__Der Heringsexpress

Eine große Zeit für die Kleinbahn im Lemgow

Als nach dem Zweiten Weltkrieg der Schwarzhandel blühte, verlief eine seiner Hauptrouten zwischen Ost- und Westzone durch die Landschaft Lemgow südöstlich von Lüchow, per Bahn und zu Fuß. Heringe waren eine gern gesehene Tauschwährung, was man sicherlich in den Zugabteilen roch und der beliebten Kleinbahn einen ihrer vielen Spitznamen einbrachte. Es war ihre beste Zeit, mit damals bis zu einer halben Million Fahrgästen pro Jahr. Der Heringsexpress verband Lüchow mit Schmarsau über Woltersdorf und Lichtenberg. Der Schwarzhandel verlief weiter über Fußwege über die noch nicht befestigte Grenze nach Sachsen-Anhalt.

Aber wie kam es, dass man in dieser dünn besiedelten Gegend überhaupt eine Eisenbahn baute? Bis Ende des 19. Jahrhunderts waren die Hauptverbindungen im Deutschen Reich fertiggestellt. Das Wendland wurde im Jahr 1874 durch die Strecke Lüneburg–Dannenberg–Wittenberge und 1891 mit Salzwedel-Lüchow an dieses Netz angebunden. Der ländliche Raum wurde nun mit Kleinbahnen erschlossen. Nur ein Jahr betrug die Bauzeit der 17 Kilometer langen Trasse, die am 14. Dezember 1911 mit viel Pomp und Feiern an jedem Ort an der Strecke eingeweiht wurde.

Statt drei Stunden mit Pferd und Wagen brauchte man nur noch 40 Minuten. Die Anschlüsse nach Salzwedel trugen den engen Verbindungen des Wendlands mit der Altmark Rechnung. Die Züge transportierten Berufspendler und Schüler sowie land- und forstwirtschaftliche Güter, in den 1920er Jahren Raseneisenerz.

Infolge der Zunahme des Autoverkehrs und nach organisatorischen Veränderungen endete der Betrieb 1969. Die Trasse wurde vollständig abgebaut. Wenig Zeitgeschichtliches verblieb, kaum topografische Besonderheiten, Straßennamen in Lüchow, Woltersdorf, Großwitzeetze, Schmarsau und Bahnhofsgebäude in Woltersdorf, Oerenburg und Schmarsau. Sie erraten, warum das regionale Busunternehmen »Lüchow Schmarsauer Eisenbahn GmbH« heißt.

Adresse einer der ehemaligen Bahnhöfe befindet sich am nördlichen Ortsrand von 29485 Lemgow-Schmarsau (heute ein Wohnhaus) | **Anfahrt** von der B 248 nördlich Lübbow nach links in die L 260 Richtung Arendsee, nach 12 Kilometern in Schmarsau links in die Bahnhofstraße, noch 500 Meter | **Tipp** In Trebel verkehrt jeden 1. Mai auf dem Kiekemarkt, einem seit 1548 bestehenden Jahrmarkt, eine Straßenbahn mit Solarantrieb für zwölf Personen. Die Strecke mit Spurweite 600 Millimeter verbindet die beiden Hälften des Jahrmarktes miteinander.

91 Der Grenzlandweg

Im Abseits gelegen

Das im Urstromtal der Elbe und westlich der Aland-Niederung liegende Schnackenburg kann mit einigen Superlativen auftrumpfen. Mit weniger als 600 Einwohnern ist es nicht nur die kleinste, sondern auch die östlichste Stadt Niedersachsens. Bis zur Wiedervereinigung war Schnackenburg eine Grenzstadt, in die sich nur selten jemand verirrte. Auch heute noch wirkt die idyllisch gelegene Hafenstadt beinahe wie ausgestorben.

Die Touristenattraktion ist das Grenzlandmuseum, welches das Schicksal der innerdeutschen Teilung dokumentiert. Es werden nicht nur Uniformen und Ausrüstungsgegenstände der DDR gezeigt, sondern auch die der Zöllner und Beamten, die bis 1990 im westdeutschen Grenzgebiet im Einsatz waren.

Um ein Gefühl für die ständige Bedrohung sowie die Abgeschiedenheit der Gemeinde, in der fast 50 Jahre lang Stillstand herrschte, zu erlangen, empfiehlt es sich, die letzten zehn Kilometer von Gartow bis nach Schnackenburg über den Grenzpfad per Fahrrad oder zu Fuß zu erkunden. Der Weg führt entlang der einstigen Grenze, vorbei an ehemaligen Überwachungs- und Sicherungsanlagen der DDR. Sie werden einen Minengürtel, einen Grenzwachturm und mehrere Grenzpfähle zu sehen bekommen und auch die frühere Grenzübergangsstelle Kapern-Bömenzien passieren. Die in Stresow eingerichtete Gedenk- und Begegnungsstätte erinnert an die Bewohner des gleichnamigen Dorfes. Da es im Sperrgebiet der DDR lag, wurde es im Rahmen der Aktion »Ungeziefer« niedergerissen und seine Bewohner »ausgesiedelt«.

Während die Menschen unter der innerdeutschen Teilung litten, profitierte die Natur von der Grenzsituation. Im Elbufergebiet konnten sich wieder viele seltene Pflanzen- und Tierarten ansiedeln, die ein ultimatives Naturerlebnis bieten. Aus diesem Grunde wurde im Jahr 2000 der Grenzlehrpfad von der Karl-Kaus-Stiftung durch einen Naturlehrpfad ergänzt.

Adresse Grenzlandmuseum, Am Markt 3, 29493 Schnackenburg, Tel. 05840/210, www.grenzland-museum-schnackenburg.de | **Anfahrt** von Gartow aus über die B 493 nach Schnackenburg, dem Verlauf der Straße bis zum Ende folgen, Grenzlandmuseum auf der rechten Seite, der Grenzlandweg beginnt in der Nähe | **Öffnungszeiten** Museum: April–Okt. Di–So 10–16 Uhr | **Tipp** Erkunden Sie das idyllische Schnackenburg bei einem Spaziergang durch die Altstadt und am Deich entlang.

92_Die Ölmanufaktur

Ein weiter Weg, der sich lohnt

Nach Einkaufsmöglichkeiten sucht man in der kleinsten Stadt Niedersachsens vergebens. Es gibt dort jedoch die Ölmanufaktur Dreyer, und einen Besuch dort sollte man sich nicht entgehen lassen. Inhaberin Karola Marquardt bietet fachkundige Beratung zu frisch gepressten Speiseölen. Sie haben die Wahl zwischen 24 Sorten, von A wie Aprikosenkernöl bis W wie Walnussöl. Frucht- und Balsamessige, jedoch nicht aus eigener Herstellung, bereichern das Sortiment.

Die Mühle wurde im Jahr 1999 in Schadeberg in der Altmark gegründet und zog zehn Jahre später nach Schnackenburg um. Da die Familie Marquardt die Abgeschiedenheit liebt, fiel die Wahl schließlich auf ein Biosphärenreservat. Trotz der dezentralen Lage gibt es keinen Online-Shop, es werden jedoch dreimal die Woche Pakete verschickt. Die Inhaberin bevorzugt den direkten Kontakt zu ihren Kunden. Wer einmal da war, kommt gern wieder, denn diese Speiseöle sind an Frische und Geschmack einfach unschlagbar. Für diejenigen, die es nicht schaffen, in die ehemalige Grenzstadt im östlichsten Niedersachsen zu kommen, werden die Produkte der Firma Dreyer auch in den größeren Bioläden im Wendland und der Altmark angeboten.

Die Samen zur Herstellung der Öle stammen aus der Region, haben kurze Wege und stärken die Regionalität. Das Speiseöl wird bei einer Temperatur von unter 40 Grad gepresst, weder gefiltert noch konserviert und per Hand in die dunklen Fläschchen, die in verschiedenen Größen angeboten werden, abgefüllt. Der Favorit ist eindeutig das Leinöl. Es hat einen sehr viel feineren Geschmack als das industriell gefertigte und harmoniert deshalb auch wunderbar mit Salaten. Sie dürfen die Produkte gern vor dem Kauf probieren und bekommen auch kleine Abfüllmengen. Als Mitbringsel eignet sich das Kräuteröl mit frischen Kräutern, welches in originelle Präsentflaschen abgefüllt ist.

Adresse Ölmanufaktur Dreyer, Elbstraße 7, 29483 Schnackenburg, Tel. 05840/989367, www.oelmanufaktur-dreyer.de, E-Mail: info@oelmanufaktur-dreyer.de | Anfahrt von Gartow aus über die B 493 nach Schnackenburg, dem Verlauf der Straße folgen bis zur Elbstraße | Öffnungszeiten Mo – Do 8 – 12 und 13 – 17 Uhr, Fr 8 – 12 Uhr | Tipp Im September finden in Schnackenburg die Schubertiaden statt. Während der musikalischen Veranstaltungen stellen auch die fünf im Ort lebenden Künstler ihre Werke aus. Auch zur KLP finden Sie ein kulturelles Angebot in Schnackenburg.

93_Die Klagemauer

Sich dem Seelenschmerz stellen

Der Tod ist ein Ereignis, mit dem sich die meisten von uns nur ungern auseinandersetzen, und zu oft wird das Gefühl von Trauer einfach verdrängt. Als die elfjährige Tochter von Angelika Wrobbel und Andreas Süskow im Jahr 2005 an Leukämie starb, wollten die Eltern es anders machen und stellten sich ihrem Seelenschmerz. Sie setzten sich so intensiv damit auseinander, dass sogar eine neue Berufsidee daraus geboren wurde. Seit dem Jahr 2007 bietet das Paar einen umfassenden Trauerservice an.

Das Angebot beinhaltet Trauerbegleitung, Trauerfeiern sowie zahlreiche Vortragsveranstaltungen für diejenigen, die direkt mit dem Thema konfrontiert sind oder sich prophylaktisch damit auseinandersetzen möchten. Im Haus sowie im Garten des Unternehmens, das den Namen TrauerLeben hat, gibt es verschiedene Stationen, an denen Rituale durchgeführt werden, die dabei helfen sollen, den Verlust eines geliebten Menschen leichter zu überwinden. Der Schmerz wird in Dankbarkeit darüber, dass man diese Person gekannt und einen Teil seines Lebens mit ihr gemeinsam verbringen durfte, umgewandelt.

Bei Kindern ist die »Klagemauer« besonders beliebt. Die Besucher können dort einen Stein, den sie zuvor sorgfältig auswählt haben, niederlegen. Wer möchte, schreibt darauf den Namen der Person, der kondoliert wird. Mit den Jahren ist im Garten ein beträchtlicher Wall entstanden.

Um den Zuschauern die Berührungsängste zu nehmen, reist das Paar als Kabarettduo »Schwarzsauer« durch ganz Deutschland und bietet eine gewagte Gratwanderung zwischen Tod und Humor.

TrauerLeben ist ein »Wunderpunkt« der Kulturellen Landpartie. Bei dieser Gelegenheit kann man sich ganz unverbindlich bei den Trauerexperten informieren und von der Dachterrasse den Blick auf die Jungstörche im Nest des Nachbarhauses genießen. Tod und Geburt liegen an diesem Ort dicht beieinander.

Adresse TrauerLeben, Lange Straße 21, 29465 Schnega, Tel. 05842/515, www.trauerleben-wendland.com | **Anfahrt** von der B 71 in die K 7 einbiegen und circa 3 Kilometer geradeaus fahren | **Öffnungszeiten** nach Vereinbarung sowie zu den auf der Homepage angekündigten Veranstaltungen | **Tipp** In der Straße Am Markt in Schnega befindet sich das Atelier des Malers, Bildhauers, Schriftstellers und Orgelbauers Hugo Körtzinger (1891–1967). Der Künstler versteckte während des Zweiten Weltkrieges zwei bedeutende Skulpturen von Ernst Barlach und rettete sie somit vor der Einschmelzung durch das NS-Regime.

94 Die Kostümwerkstatt

Kleider aus einer anderen Zeit

Hinter den Mauern der ehemaligen Dorfschule von Schnega verbirgt sich heute die Kostümwerkstatt von Birgit Enkirch. Von außen wirkt das alte Haus, das sowohl Wohnort als auch Arbeitsplatz der Künstlerin ist, eher unscheinbar. In den früheren Klassenräumen jedoch hat sie die perfekte Kulisse für ihre Kleider vergangener Epochen entstehen lassen. Man fühlt sich sofort um mindestens 100 Jahre zurück in die Vergangenheit versetzt.

Jahre nach dem Studium der Malerei und Kunstgeschichte absolvierte die Berlinerin, die lange als Malerin tätig war, ein Aufbaustudium in Textilgestaltung und entdeckte dabei ihre große Leidenschaft für alte Stoffe. Im Jahr 2000 zog es die Großstädterin schließlich ins Wendland, weil sie ihre Freizeit gern in der Natur verbringt. Sie gründete dort ihre Firma Gandiva, mit der sie sich auf die Herstellung historischer Kostüme spezialisierte. Zusammen mit ihren beiden Kolleginnen nimmt Birgit Enkirch Aufträge aus dem gesamten europäischen Raum entgegen. Diverse Arbeiten der Werkstatt befinden sich in öffentlichem Besitz, das heißt, in Museen im In- und Ausland. Zu den Kunden zählen aber auch Künstler verschiedener Sparten, Bräute sowie Besucher von historischen Veranstaltungen.

Wer ein historisches Kleid bei Gandiva fertigen lassen möchte, sollte eine Vorlaufzeit von drei bis sechs Monaten einplanen. Denn nicht nur die Fertigung, sondern auch das Besorgen der historischen Stoffe ist oft sehr zeitaufwendig. Die Preise variieren je nach Arbeitsaufwand und Stoffqualität. Die Kostüme werden oft unter einem enormen Zeitdruck gefertigt. Deshalb wird darum gebeten, von unangemeldeten Besuchen abzusehen.

Für diejenigen, die sich einfach nur einmal in den Räumen von Gandiva umsehen möchten, gibt es ab 2018 einmal im Jahr einen Tag der offenen Tür. Der Termin wird rechtzeitig auf der Homepage bekannt gegeben.

Adresse Gandiva Kostümwerkstatt, Schulstraße 3, 29465 Schnega, Tel. 05842/205303, E-Mail: werkstatt@gandiva.de, www.historical-costumes.eu | Anfahrt von der B 71 in die K 7 abbiegen und nach 2,5 Kilometern links in die Schulstraße einbiegen | Öffnungszeiten nach Vereinbarung | Tipp In der Schulstraße 1 befindet sich das Pupparium, ein Ort mit Tausenden von Marionetten. Wenn Sie Glück haben, treffen Sie den »Puppenvater« Dr. Manfred Fortmann dort an.

95__Das Haus im Rundling

Traumhaus mit Hindernissen

Eine Haupttouristenattraktion im Wendland sind die zahlreichen Rundlingsdörfer, auch Rundlinge genannt. Hierbei handelt es sich um eine Siedlungsform von überwiegend slawischen Völkern, bei der die Höfe keilförmig um einen runden oder ovalen Platz angeordnet wurden. Es gab sie von der Ostsee bis zum Erzgebirge, heute jedoch existieren sie nur noch im Wendland so zahlreich.

Einer der schönsten Rundlinge ist Schreyahn. Er wurde im Jahr 1360 erstmalig als Screy oder Screye urkundlich erwähnt. Hier stehen noch zehn Vierständerbauten aus dem 18. und 19. Jahrhundert, die mit verschiedenartigen Giebelverzierungen versehen sind. Am Ortsausgang stehen noch einige gut erhaltene Fachwerkhäuser aus dem frühen 20. Jahrhundert. Das war die Zeit, als die drei in der Nähe gelegenen Kalibergwerke dem Dorf zu Wohlstand verhalfen (siehe Kapitel 4).

Heute leben 65 Personen in Schreyahn, darunter das Ehepaar Christa und Hans-Dieter Kuhl. Im Jahr 2003 folgten die aus Hameln stammenden Rentner ihrer Tochter ins Wendland. Sie leben in einem im Jahr 1850 erbauten Kossaterhaus, einem einstigen Armeleutehaus, das am Rande des Rundlings steht. Das Anwesen war ziemlich heruntergekommen, und es dauerte, bis es wieder in einem bewohnbaren Zustand war. Dach und Schornstein mussten erneuert werden. Der alte Boden war bereits völlig verfault, und wie sich erst bei der Sanierung herausstellte, war auch der Giebel nicht mehr zu retten. Immerhin sind die Fachwerkbalken der ehemaligen Trennwände erhalten geblieben und verleihen dem Innenraum, der eine komplett neue Aufteilung bekam, eine gemütliche Atmosphäre. Ein weiterer Lichtblick war die Entdeckung des Brunnens im Garten, den die Vorbesitzer zubetoniert hatten. Mittlerweile ist der Renovierungsstress, der zwei Jahre angedauert hat, längst vergessen, und das Rentnerpaar genießt das Leben im beschaulichen Rundling.

Adresse Christa Kuhl, Rundling 12, 29462 Schreyahn, Tel. 05843/986454, chdkuhl@gmx.de | **Anfahrt** von der B 493 in Küsten in die K 31 Richtung Clenze abbiegen, nach 4 Kilometern nach links in die L 261 Richtung Lüchow, noch 1,6 Kilometer bis Lensian, dort rechts, noch 500 Meter bis Schreyahn | **Tipp** In Schreyahn finden Sie den Künstlerhof Schreyahn, eine Stipendiatenstätte für Schriftsteller und Komponisten (www.kuenstlerhof-schreyahn.de).

96__Die Spruchbalken

Hausschmuck mit Schriften und Symbolen

Einfache Bauernhäuser des Wendlands wurden im Laufe der Jahrhunderte wahre Schmuckstücke. Sie prägen heute noch mit ihrem Fachwerk in großer Zahl das Gesicht der Dörfer. Besonderen Anteil daran haben die zum öffentlichen Raum zeigenden Giebel. Hier lagen früher die Zufahrten zu den Stallungen durch die »Groot Dör« (großes Tor). Dieser Wirtschaftsgiebel wurde funktional und zunehmend unter ästhetischen Aspekten gestaltet. Durch die Anordnung des Fachwerks und mittels reicher Verzierungen der Querbalken mit Inschriften und Ornamenten wurde dies die Schauseite.

In der Region sind besonders viele niederdeutsche Hallenhäuser mit ihren Spruchbalken erhalten geblieben, etwa 1.500 solcher Balken hat der Rundlingsverein erfasst. Schon die ältesten bekannten Bauernhäuser aus dem 16. Jahrhundert trugen Inschriften, im 17. Jahrhundert wurden sie fester Bestandteil des Hausschmucks. Zunächst beschriftete man nur die kräftigen Torbalken der Groot Dör, dann im Laufe der Zeit immer mehr auch die längeren waagerechten Hölzer im Wirtschaftsgiebel. Die Inschriften stammten fast alle aus Kirchen- beziehungsweise Liederbüchern oder der Bibel. Ein großer Teil der Sprüche sind Klagen über die Zerstörung des Vorgängerbaus, auch allgemeine Lebensweisheiten sind zu finden. Außerdem sind die Namen der Erbauer und das Baujahr vermerkt. Bei den Ornamenten fallen einige Unterschiede auf: Vogelmotive wurden im 19. Jahrhundert um Dannenberg häufig verwendet, Rosetten um Lüchow und die Lilie im Drawehn. Vielleicht sind sie auch eine Art Markenzeichen des Zimmermeisters, statt Initialen.

Heute wird diese Tradition weiter fortgeführt. Während die Balken älterer Bauten auch mit Sonnenrad, Sechs- oder Achtstern geschmückt wurden, wird an neueren Häusern nun oft die Wendlandsonne verwendet. Sie war einst Logo für die Republik Freies Wendland, ist heute Symbol für den Widerstand gegen die Gorlebener Atomanlagen.

Adresse schöne Spruchbalken finden Sie im Rundling in 29462 Schreyahn, aber auch sonst überall in den Dörfern des Wendlands | **Anfahrt** von der B 493 in Küsten in die K 31 Richtung Clenze abbiegen, nach 4 Kilometern nach links in die L 261 Richtung Lüchow, noch 1,6 Kilometer bis Lensian, dort rechts, noch 500 Meter bis Schreyahn | **Tipp** Jan Lange in Dannenberg sammelt und verkauft historische Baustoffe, auch Torbögen und Spruchbalken (www.historische-baustoffe-wendland.de).

97_Die Kirchenruine

... und der verborgene Schatz

Am Ortsausgang zu Spithal befindet sich ein geschichtsträchtiges Monument, die Ruine einer Kirche, die zwischen dem 12. und 13. Jahrhundert erbaut wurde. Hier wurde der erste evangelische Gottesdienst der Region nach der Reformation Luthers abgehalten, und laut einer älteren Mitteilung war dies sogar das erste christliche Gotteshaus im damaligen Fürstentum Dannenberg.

Die Vermutung liegt nahe, dass die Kirche während des Dreißigjährigen Krieges zerstört und somit bereits seit dem 17. Jahrhundert verfallen ist. Der Besucher findet heute nur noch Reste eines Saalbaus mit einem rechteckigen Chor vor. Zu erkennen ist, dass es auf der Südwand zwei und auf der Ostwand drei Rundfenster gab. Die Bauweise aus behauenem Feldsteinmauerwerk ist ungewöhnlich. Die meisten Kapellen und Kirchen im Wendland wurden aus unbehauenen Feldsteinen errichtet. In der damaligen Zeit muss die Bearbeitung einen beträchtlichen Mehraufwand bedeutet haben. Aus der Ruine heraus wächst eine alte Eiche.

Laut einer alten Sage liegt tief unter der Kirche eine goldene Wiege von unschätzbarem Wert. Mehrmals suchten Bauern aus dem Ort nach dem Schatz, scheiterten jedoch an der Bedingung, dass während der Bergung weder gesprochen noch sonst der kleinste Laut von sich gegeben werden durfte. Zweimal hielten sie die Wiege bereits in ihren Händen und waren kurz vor dem Ziel. Doch beim ersten Versuch scheiterten die Bauern, weil eine nackte Frau erschien und sie zum Lachen brachte. Beim nächsten Mal war es der Teufel, der die Schatzsucher überlistete. Seitdem ist die Kostbarkeit für alle Ewigkeit im Erdreich vergraben.

In der Nähe dieses Ortes lag Kloster Diesdorf, das als Missionszentrum für das Wendland galt und von dem aus viele Kirchen gegründet wurden. Viermal im Jahr richten die Mönche die Andacht in der Kirche Spithal aus. Eine Tradition, die auch nach dem Verfall bis heute beibehalten wird.

Adresse B 71, 29468 Bergen an der Dumme-Spithal | **Anfahrt** der B 71 bis nach Spithal folgen. Die Kapelle verbirgt sich in der Nähe der Abzweigung nach Spithal an der B 71 (es gibt zwar ein Schild, dieses kann jedoch leicht übersehen werden) | **Tipp** Über die B 71 erreichen Sie die in der Altmark gelegene Hansestadt Salzwedel. Der Ort ist bekannt für seine Baumkuchenspezialitäten, und es gibt dort einen für Familien sehr empfehlenswerten Märchenpark.

98 Der Eselweg

Entschleunigende Erkundungstour

Sind Sie jemand, der auch im Urlaub nur schwer abschalten kann? Dann ist dieses Angebot vielleicht genau das Richtige. Denn bei der Eselwanderung bestimmen nicht Sie, sondern das Tier an Ihrer Seite das Tempo.

Als Gerhard Has in den Ruhestand ging, suchte er nach einem Hobby. Da ihm die Besonnenheit der Grautiere schon immer sympathisch war, legte er sich zunächst zwei zu. Diese Entscheidung war goldrichtig, denn schnell war der Stress, der sich während seiner langen Berufstätigkeit angestaut hatte, verflogen. Mittlerweile ist die Herde zu viert.

Soweit es die Witterungsbedingungen zulassen, bietet Has täglich Touren in der Gegend von Trebel an. Die dreistündigen Wanderungen führen entweder in die Nemitzer Heide (siehe Kapitel 70) oder über den Salzstock bis hin zum ehemaligen Bohrloch 1004 (siehe Kapitel 100). Dorthin, wo sich für kurze Zeit die »Freie Republik Wendland« befand.

Bis man am Ziel angekommen ist, hat man sich an das Tempo der Langsamtreter gewöhnt. Die Entschleunigung beginnt schon zu Beginn der Wanderung, denn wenn die Vierbeiner die sandige Koppel verlassen, nehmen sie erst mal ein ausgiebiges Frühstück oder Mittagessen ein. Sie bedienen sich an den saftigen Gräsern am Feldrand, denn auf ihrer Sandkoppel finden sie kein Futter. Ständiges Fressen würde nur zu Übergewicht und Krankheiten führen. Erst wenn das Tier einigermaßen gesättigt ist, wird es sich durch gutes Zureden eventuell langsam in Bewegung setzen. Jedoch ist Contenance gefordert. Ein japanisches Sprichwort besagt: »Mit der Ungeduld des Begleiters wächst die Sturheit des Esels.« Somit ist die Herausforderung bei dieser Wanderung nicht die zurückgelegte Distanz, sondern die Kunst, sich vollständig auf das in der Tat gewöhnungsbedürftige Gemüt seines Weggefährten einzulassen. Wem das gelingt, der wird sich am Ende der Tour wunderbar erholt fühlen und eine ganze Menge über Esel und die Region gelernt haben.

Adresse Gerhard Has, Hauptstraße 54, 29494 Trebel, Tel. 0174/9712956 | **Anfahrt** über die B 493 bis in die Ortsmitte von Trebel fahren, das Haus befindet sich in der Kurve auf der südlichen Seite | **Öffnungszeiten** bitte telefonisch anmelden | **Tipp** Falls Sie nach der Eselwanderung hungrig geworden sein sollten, empfiehlt es sich, in die Trebeler Bauernstuben einzukehren. Das Restaurant ist nicht nur wegen seiner guten Küche, sondern auch wegen seines schönen Ambientes beliebt (www.trebeler-bauernstuben.de).

99 Der Eulenturm

Ein Heim für Tiere

Sie mögen sich vielleicht über Transformatorenhäuser wundern, die in vielen anderen Regionen längst aus dem Landschaftsbild verschwunden sind. Im Wendland erhielten einige von ihnen nach der Umstellung auf Erdverkabelung eine neue Funktion. Sie dienen heute als Tierpensionen.

Eine davon steht in Trebel, nahe der Trebeler Bauernstuben. Der aus dem Jahre 1921 stammende rote Backsteinbau war früher für die Stromversorgung des Gebietes Gorlebener Tannen zuständig und wurde vom Verein für Naturkunde Lüchow im Rahmen des Projekts »Eulentürme« zu einem Artenschutzturm umgebaut.

Das Gebäude bietet heute verschiedensten Tierarten ein Zuhause. Die oberste Etage ist für Eulen, insbesondere die selten gewordenen Schleiereulen, reserviert. Turmfalken bauen ihre Nester in großen Nistkästen, die an der Fassade angebracht sind. Wegen der freien Anflugmöglichkeit sind Türme bei diesen beiden Arten sehr beliebt. Für kleinere Vögel, wie Meisen oder Stare, gibt es Häuschen mit unterschiedlich großen Einfluglöchern. Auch für Halbhöhlenbrüter, wie die Bachstelze, sind Nistmöglichkeiten vorhanden. Den Haus- und Feldsperlingen, die auch beim Brüten gern in Gesellschaft sind, wurden vom Verein »Reihenhäuser« zur Verfügung gestellt. Jedoch nicht nur Federvieh findet im Eulenturm Unterschlupf.

Fledermäuse sind ebenfalls Gäste in der Tierpension. Wegen der zunehmenden Wärmeisolierung von Wohnhäusern finden sie kaum noch geeignete Sommerquartiere. Auch Insekten wurden bedacht. In Hornissenkästen findet nicht nur die größte in Mitteleuropa lebende Faltenwespe Unterschlupf, sondern auch Florfliegen, Solitärbienen und andere Kerbtiere.

Auf dem Gelände des Eulenturms befindet sich ein kleiner Tümpel innerhalb einer üppig bewachsenen Grünfläche. Im Laub bieten sich Überwinterungsmöglichkeiten für kleine Säugetiere wie Igel, Mäuse oder Lurche.

Adresse Hauptstraße, 29494 Trebel | **Anfahrt** über die B 493 bis in die Ortsmitte von Trebel fahren | **Tipp** In der Hauptstraße 31 lebt der Künstler Jens Techen, der witziges Kunsthandwerk aus alten Gebrauchsgegenständen wie Besteck oder Türknäufen herstellt. Obwohl er seinen Hof nicht als »Wunderpunkt« beim Organisationsteam der KLP registriert hat, öffnet er ihn während dieser Zeit als sogenannter »Trittbrettfahrer« und lädt seine Gäste zu einer kreativen Hofpartie ein.

100 Die utopische Republik

Woodstock-Feeling am Bohrloch 1004

Wer sich heute auf Spurensuche nach der ehemaligen »Republik Freies Wendland« begibt, gelangt zu einem asphaltierten Platz mitten im Wald, der allmählich von der Natur zurückerobert wird. Nur ein alter Löschwasserbrunnen steht noch dort. Das Bohrloch 1004, an dem Probebohrungen stattfinden sollten, ist zugeschüttet.

Der Widerstand mobilisierte sich, um die Tiefbohrungen zur Untersuchung des Gorlebener Salzstocks zu verhindern, der als mögliches Endlager dienen sollte. Am 3. Mai 1980 wurde die utopische Republik ins Leben gerufen. Bis zu 1.000 Menschen von nah und fern siedelten sich im Wald an und lebten in selbst gebauten Hütten aus Holz oder Lehm. Das Dorf hatte eine Größe von sechs Fußballfeldern und befand sich auf einer Brachfläche, deren Bäume im Jahr 1975 einer Brandkatastrophe zum Opfer fielen und noch nicht wieder aufgeforstet waren (siehe Kapitel 71).

Die Mitglieder organisierten das Gemeinschaftsleben auf basisdemokratischer Grundlage. Es gab einen Sprecherrat. Entscheidungen wurden in regelmäßig abgehaltenen Plenen gemeinsam getroffen. Die Volksküche bekochte die Bewohner, und abends machte man Musik am Lagerfeuer. Noch heute denken manche der damaligen Teilnehmer mit Wehmut an die friedvolle Atmosphäre im Camp und den Zusammenhalt mit der Bevölkerung zurück. Vor allem junge Leute fühlten sich magisch von dem Leben in der Utopie angezogen. Sogar einen eigenen Pass gab es. Er war lindgrün und golden beschriftet. Auf den ersten Blick wirkte er durchaus offiziell, im Heftinneren jedoch war es mit der Seriosität vorbei. Denn darin stand geschrieben, dass der Pass so lange im gesamten Universum Gültigkeit habe, wie sein Besitzer noch lachen könne.

Das Lachen sollte den Bewohnern der selbst ernannten Republik bald vergehen. Denn bereits 33 Tage nach Gründung, am 4. Juni 1980, rückte ein Einsatzkommando aus Polizei und Bundesgrenzschutz aus, um das Areal unter Einsatz massiver Gewalt zu räumen.

Adresse 29494 Trebel | **Anfahrt** über die B 493 nach Trebel fahren, in die Klein Trebeler Straße einbiegen, nach rechts auf die Marlebener Straße, nach 100 Metern in den Gorlebener Weg und dem Verlauf der Straße knapp 2 Kilometer folgen, dort rechts in den Wald hineingehen | **Tipp** Seit 2016 erforscht der Hamburger Archäologe Attila Dézsi das Gelände der ehemaligen Republik Freies Wendland wissenschaftlich und lässt dadurch wieder Erinnerungen an die damalige Zeit wach werden (Informationen beim Gorleben-Archiv in Lüchow).

101 Das Dorf der Schifferfrauen

Wohlhabend, aber nicht immer glücklich

Seine Glanzzeit erlebte der Elbort Vietze vom Ende des 18. Jahrhunderts bis zum Zweiten Weltkrieg. Damals war der Ort, der heute wie ausgestorben wirkt, ein florierendes Schifferdorf. Verglichen mit den Landfrauen waren die Schifferfrauen sehr selbstständig und gut organisiert, da sie sich während der langen Abwesenheit ihrer Männer allein um den Hof kümmern mussten. Sie hatten in der Regel einen großen Garten, in dem sie Obst und Gemüse anpflanzten. Viele von ihnen hielten Tiere wie Federvieh, ein Schwein oder auch eine Kuh. Die Familien durften auch auf dem Schiff mitreisen. Der Verdienst war gut, und oft brachten die Schiffer Waren, wie hochwertige Stoffe oder Haushaltsgeräte, die es auf dem Lande (noch) nicht gab, von ihren Reisen mit. Somit mangelte es in ihren Häusern nicht an materiellem Wohlstand.

Die Rückkehr des Gatten wurde durch das Schiffshorn angekündigt, welches vor der Einfahrt in den Hafen ertönte. Das Signal war bei allen Kähnen unterschiedlich. Wenn die Ehefrauen es hörten, packten sie eiligst den Handwagen mit frischer Wäsche, Weckgläsern, Obst und Gemüse und liefen damit zum Anleger. Hektisch wurden die Sachen dem Liebsten übergeben und leere Gläser und Schmutzwäsche entgegengenommen, meistens blieb keine Zeit für einen Landgang.

Nicht alle Schifferfrauen kamen mit der Einsamkeit zurecht. Es kursiert das Gerücht, dass sich eine an Depressionen leidende Strohwitwe in einen Brunnen gestürzt habe und andere ihrem Beispiel gefolgt seien. Dokumentiert sind diese Vorfälle jedoch nicht. So wie die Seefahrer sollen auch die Binnenschiffer Meister im Spinnen von Seemannsgarn gewesen sein. Deshalb ist es heute schwer zu beurteilen, ob diese und andere Geschichten wahr sind. Mehr über das Schifferdorf Vietze erfahren Sie im Heimatmuseum Höhbeck oder bei einer Führung durch den Ort mit dem Schiffersohn Jan Purwing.

Adresse Höhbeck-Museum Vietze, Hauptstraße 1, 29478 Höhbeck-Vietze, www.museum-vietze.de | **Anfahrt** von der B 493 bei Gartow in die L 258 abbiegen und dem Verlauf der Straße für 6 Kilometer folgen | **Öffnungszeiten** April–Okt. Sa und So 15–17 Uhr, Juli und Aug. auch Mi 15–17 Uhr | **Tipp** Im Museum gibt es eine sehr umfangreiche Schmetterlingsausstellung, die sich Falterliebhaber nicht entgehen lassen sollten.

102__Das Räucherwerk

Weniger ist mehr!

Das Geschäft mit exotischen Aromen boomt. Wie wäre es jedoch einmal mit Räucherwerk aus wendländischen Wildkräutern? Der Duft ist weniger intensiv als beispielsweise der von indischen Räucherstäbchen, aber sehr angenehm und wohltuend. Das Verräuchern von Blüten, Kräutern, Hölzern und Harzen hatte, wie archäologische Untersuchungen ergaben, auch in dieser Region eine lange Tradition, geriet aber allmählich in Vergessenheit. Dabei gehörte es schon früh zum Alltag und wurde zur Reinigung, zum Schutz, als Schmerzmittel sowie zur Reaktivierung der Sinne eingesetzt.

Die beiden Vietzerinnen Claudia Hoffers und Monique Wessing haben sich auf dieses alte Wissen besonnen und lassen die beinahe in Vergessenheit geratene Tradition wieder aufleben. Im Jahr 2012 haben sie damit begonnen, Wildkräuter wie Mädesüß, Steinklee oder Schafgabe rund um den Höhbeck und an der Elbe zu sammeln und zu trocknen. Für diejenigen, die ihre Kenntnisse auf diesem Gebiet erweitern möchten, werden Führungen in kleinen Gruppen nach Voranmeldung angeboten. Während der Kulturellen Landpartie ist das Team von Räucherwerk in den Trebeler Bauernstuben anzutreffen.

In den letzten Jahren haben sie sich intensiv mit der Wirkung der einzelnen Komponenten beschäftigt und dazu eine Übersichtstafel entwickelt, der man die wichtigsten Pflanzen sowie ihre vielfältigen Effekte entnehmen kann. Die beiden Frauen haben ebenfalls den optimalen Brennabstand ausgetüftelt und von einem Töpfer aus Salzwedel ein spezielles Stövchen für das Vietzer Räucherwerk entwickeln lassen. Bei der weiblichen Kundschaft kommt die leicht süßlich riechende »Liebesmischung«, zusammengestellt aus Bergbohnenkraut, Mohn, Flieder und Rosen, sehr gut an. Lassen Sie sich von dem Duft der heimischen Kräuter, die den Raum auf dezente und unaufdringliche Weise erobern, verzaubern und genießen Sie ihre wohltuende Wirkung.

Adresse AllerHandWerke, Monique Wessing, Mittelweg 3, 29478 Höhbeck-Vietze, Tel. 0178/8762759, E-Mail: allerhandwerke@gmail.com | **Anfahrt** von der B 493 bei Gartow in die L 258 abbiegen und dem Verlauf der Straße 6 Kilometer folgen, in Vietze rechts in den Mittelweg einbiegen | **Öffnungszeiten** um vorherige Anfrage per Mail oder Tel. wird gebeten | **Tipp** Claudia Hoffers ist nicht nur Initiatorin von Räucherwerk, sondern auch Inhaberin der Genusswerkstatt. Dort bekommen Sie von ihr hergestellte Wildkräutersalze und -pesto, Fruchtaufstriche aus Wildobst, Chutneys und vieles mehr. Die Zutaten für ihre Produkte hat sie in der Natur gesammelt (echt.land/shop/Genusswerkstatt).

103_Die Solawi

Regional und gesund

Im Jahr 2016 riefen drei Gärtner und Gärtnerinnen ein solidarisches landwirtschaftliches Projekt, kurz Solawi, ins Leben. Ziel ist es, die bäuerliche, vielfältige Landwirtschaft zu erhalten und Gemüse zu produzieren, das für die Natur verträglicher und für die Konsumenten gesünder ist als das der industrialisierten Methode.

Den geeigneten Ort für das Projekt fand man in Volzendorf. Die Solawi garantiert, dass weder chemische Dünger noch Pestizide zum Einsatz kommen. Zurzeit werden 1,8 Hektar Ackerland und 300 Quadratmeter Fläche im Folientunnel bewirtschaftet. Zur Bearbeitung größerer Flächen kommt ein Traktor zum Einsatz. Die Pflege der Kulturen übernimmt ein Pferd. Das geerntete Gemüse ist ausschließlich für die Mitglieder der Solawi bestimmt. Diese zahlen einen monatlichen Betrag, der sich nach ihren finanziellen Möglichkeiten richtet. Die Mitgliedschaft läuft mindestens ein Jahr. Der Konsument wird während dieses Zeitraumes kontinuierlich mit Gemüse versorgt, und der Hof hat die Sicherheit, auch bei Ernteausfällen finanziell getragen zu werden.

Die Erzeugnisse liegen in Depots in Volzendorf, Lüchow und Salzwedel zur Selbstabholung bereit. Alle Beteiligten können sich ein- oder zweimal wöchentlich aus dem reichhaltigen Angebot selbst ihr Sortiment zusammenstellen. Auf Wunsch gibt es Äpfel, selbst gebackenes Brot und Kräuter oder Ziegenmilch und Fleischprodukte von befreundeten Höfen.

2017 hatte die Gemeinschaft 50 Teilhaber. Der Trend ist steigend. Dennoch reicht die Kapazität für weitere Mitglieder. Interessenten sind herzlich eingeladen, sich nach vorheriger Anmeldung auf dem Hof sowie auf den Feldern umzuschauen. Wenn viel zu tun ist, wie zur Kartoffelernte, werden schon einmal Freiwillige zur Unterstützung gesucht. Die Beteiligung ist zumeist rege, denn Feldarbeit bringt Spaß, und man sieht, woher das Gemüse auf seinem Teller stammt.

Adresse Solawi, Volzendorf 9, 29485 Lemgow-Volzendorf, Tel. 0178/1429555, www.solawi-volzendorf.org, E-Mail: landbaukoop@posteo.de | Anfahrt von der B 248 bei Lübbow in die L 260 Richtung Arendsee, nach 7 Kilometern bei Schweskau rechts in die K 40 und der Straße bis nach Volzendorf folgen | Tipp Am südwestlichen Ortsausgang von Volzendorf liegt das 530 Hektar große Naturschutzgebiet Lüchower Landgrabenniederung. Darin finden Sie Wälder auf überwiegend feucht-nassen Böden, die durch Wasserrückhaltemaßnahmen erhalten werden sollen.

104 Die Wollemanufaktur

Nachwachsender Rohstoff für feine Textilien

Wer modische Kleidung aus einheimischer Wolle tragen möchte, braucht Geduld beim Suchen, denn Bekleidung und ihre Ausgangsmaterialien werden heutzutage meistens aus fernen Ländern importiert. Was passiert also mit dem Flausch der vielen Schafe auf unseren Wiesen und Deichen? Sie werden zu Matratzen, Dämmstoffen oder gar zu Kompost verarbeitet. Geht das nicht besser?

Schön, dass es Menschen wie Ute Luft gibt, die althergebrachte Herstellungsprozesse wiederbeleben wollen. Mit ihrer Firma Elbwolle entwickelt sie ein tragfähiges Geschäftsmodell, eine »Wollwertschaft« rund um das Schaf. Der Fokus ist dabei auf traditionelle Rassen gerichtet, die von vielen Landwirten, Privatleuten und von Archehöfen im Wendland gehalten werden. Interessante Arten sind zum Beispiel das im Lebenszyklus zweifarbige Coburger Fuchs- oder das rauwollige Pommersche Landschaf. Diese Haustierrassen sind robust, anspruchslos und an die hiesigen Umweltbedingungen angepasst. Sie liefern Wollqualitäten in unterschiedlicher natürlicher Farbigkeit und für verschiedene Verwendungszwecke, die entsprechend genutzt werden können.

Dafür gilt es, den gesamten Produktionsprozess handwerklich zu optimieren, durch gute Haltung der Tiere, nicht nur als Rasenmäher, sondern um Qualitätswolle zu erzielen. Außerdem sollten Verschmutzungen vermieden und das Material nach Qualitäten gesammelt werden. Da es in der Region keine Wollwäschereien und Spinnereien mehr gibt, hat Ute Luft das Ziel, diese Produktionsschritte zusammen mit Partnern wieder zurück ins Wendland zu holen, um »das Beste aus der Wolle zu machen«.

Aktuell werden aus Rohwolle bereits Lodenstoffe, Teppichwolle und sogenannte XXL-Garne hergestellt. Es ist sehr zu wünschen, dass diese natürlichen, behaglichen Materialien Textildesigner und Unternehmerinnen zu Ideen für neue modische und auch langlebige Produkte inspirieren mögen.

Adresse Ute Luft, Weitsche 25, 29439 Lüchow, Tel. 05864/9866244, www.elbwolle.de | Anfahrt von der B 248 bei Jameln in die K 30 abbiegen, nach 3,5 Kilometern hinter Langenhorst rechts in die K 33, der Straße 2 Kilometer bis in die Ortsmitte folgen | Öffnungszeiten Besichtigung nach Terminabsprache | Tipp Ausstellungen über die Leinenweberei im Wendland finden Sie im Museum Wustrow und im Rundlingsmuseum Wendlandhof Lübeln (www.museen-wendland.de).

105 Die Üfest

50 Jahre lang Deutschlands »Ohr zur Welt«

Drei Kilometer nördlich von Woltersdorf trifft man an einem Feldweg überraschend auf ein imposantes Verwaltungsgebäude. Ab 1938 errichtet, war hier bis 1988 eine deutschlandweit eminent wichtige Überseefunkempfangsstelle (Üfest) der Deutschen Reichs- und später der Bundespost, umgeben von 600 Hektar verwirrendem Antennenwald. Der Standort garantierte durch seinen großen Abstand zum Elektrosmog von Siedlungen störungsfreien Empfang.

Im Haupttrakt des Gebäudes standen Kolonnen von Großstationsempfängern. Auf den mit Anzeigen und Reglern gespickten Geräteschränken prangten Namensschilder für die festen Funklinien nach Bogotá, Bombay oder Peking. Die Üfest Lüchow war Deutschlands »Brücke zur Welt« – neben einer Anlage in Eschborn bei Frankfurt. Bis zu 230 Beamte arbeiteten für den Empfang von Kurzwelle in den Betriebsarten Telegrafie, Telefonie und Datenfunk. Je nach den Ausbreitungsbedingungen der Funkwellen, dem Funkwetter, welches darauf spezialisierte Mitarbeiterinnen beobachteten, wurden die Frequenzen justiert. Die Üfest war »Ohr«, also Empfangsstation – gesendet wurde von Einrichtungen bei Elmshorn, Norddeich und am Taunus.

Im Zweiten Weltkrieg kamen zu den zivilen Aufgaben militärische hinzu, wie die Peilung von Schiffen und U-Booten. Krisen in der Welt korrespondierten mit dem Funkdatenaufkommen. In den 1960er Jahren schaltete man für die türkischen Gastarbeiter einen zusätzlichen Kanal nach Ankara und übertrug besondere Ereignisse wie die Olympischen Spiele in Tokio.

Abgelöst wurde diese Funktechnik durch Seekabel und ab Mitte der 1970er Jahre durch Satelliten. Das Gelände wird seither für die Unterbringung von Polizeikräften genutzt, auch im Zusammenhang mit Gorleben-Demonstrationen. Bis 2016 wurden hier, überraschend einsam am Wald, auch Flüchtlinge untergebracht. Viele von ihnen nutzten sicherlich die neueste Funktechnik – ein Smartphone am Ohr.

Adresse Uefest-Straße, 29497 Woltersdorf | Anfahrt 300 Meter hinter dem Ortsausgang von Woltersdorf Richtung Lüchow von der B 493 rechts abbiegen in die Uefest-Straße, noch 2,3 Kilometer bis zum Ziel | Öffnungszeiten nur von außen zu besichtigen | Tipp Wenn Sie 100 Meter hinter dem Ortsausgang von Woltersdorf Richtung Lüchow von der B 493 rechts abbiegen, finden Sie nach 1,5 Kilometern den sogenannten Brautstein in einem kleinen Hain. Eine Tafel erzählt, warum hier einst eine ganze Hochzeitsgesellschaft verschwand.

106 Der Wendenknüppel

Auf die Spitze getrieben

Eine Frage, die Heimatforscher seit Langem beschäftigt, ist die nach der Herkunft des Wendenknüppels, dem Giebelschmuck in der Form eines verzierten, senkrechten Holzstabs.

Da noch keine zufriedenstellende Antwort gefunden wurde, kursieren allerlei Gerüchte. Beispielsweise sollen die heidnischen Wenden diesen Giebelpfahl erfunden haben, weil sie die in Niedersachsen weit verbreiteten überkreuzten Windbretter, deren Enden zwei Pferdeköpfe schmücken, zu sehr an das christliche Kreuz erinnerten. Zumindest diese Vermutung konnte widerlegt werden, da die Zierpfähle erst im 19. Jahrhundert ihre Glanzzeit hatten, also lange nachdem die Wenden bereits integriert waren.

Der Wendenknüppel weist vielfältige Ornamente auf. Oft ist er mit unterschiedlichen Kerben und zwei bis drei Kugeln versehen. An seiner Spitze thront eine Wetterfahne oder eine Verzierung. Im Laufe der Zeit wandelte sich die Form. Somit gab es vasenförmige Varianten oder auch Pfähle, deren Spitze eine Lilienblüte schmückte. Aufgrund der Verwitterung des Eichenholzes sind keine Exemplare mehr aus der Zeit der Entstehung vorhanden, und es gibt auch nur wenig Fotomaterial.

Ein Ort, wo Sie heute noch den für die Region typischen Giebelschmuck finden und gleichzeitig gut essen gehen können, ist das Restaurant »Wendenknüppel« in Woltersdorf. Als Petra Walther die Gaststätte im Jahr 2005 übernahm, trug sie bereits diesen ungewöhnlichen Namen. Die neue Inhaberin fand ihn passend und originell. Deshalb änderte sie ihn nicht. Die umfangreiche Speisekarte hält eine Bandbreite vom Schnitzel über Bauernfrühstück bis hin zu Gyros bereit. Die Wendländische Hochzeitssuppe, deren Einlage aus Spargel, Eierstich und Markklößchen besteht, ist sehr zu empfehlen. Die Preise sind moderat. Kaum ein Gericht kostet mehr als zehn Euro. Die angenehme Gastlichkeit unterm Wendenknüppel sollte man bei seinem Besuch im Wendland einmal genießen.

Adresse Ziegeleistraße 6, 29497 Woltersdorf, Tel. 05841/979595, www.wendenknüppel.de, E-Mail: petrap1@t-online.de | **Anfahrt** über die B 493 bis Woltersdorf, der Wendenknüppel befindet sich am westlichen Ortseingang | **Öffnungszeiten** Mo, Di, Do, Fr 11–14 und 17–22 Uhr, Sa und So 10–14 und 17–22 Uhr, warme Küche bis 21 Uhr | **Tipp** Der Götzenstein, der als Abbild eines Gesichts in die Mauer der Feldsteinkirche ein Kilometer südöstlich des Dorfes eingemauert wurde, weist auf die frühere slawische Besiedlung hin.

107 Die DDR-Konsum-Ausstellung

Ostalgie im Wendland

Bei einem Spaziergang Mitte der 1980er Jahre entdeckte der Museumsleiter Dr. Rolf Meyer in der Jeetzel eine leere Schuhcremedose. Das Besondere daran war, dass es ein Produkt der ostdeutschen Firma Wittol war. Das Kopfkino arbeitete. Der Finder stellte sich vor, auf welche Weise die Dose wohl die Grenzbefestigungsanlagen überwunden und sich ihren Weg in den Westen gebahnt haben mochte. Seine Begeisterung war geweckt. Aus dem Zufallsfund ist eine große Sammlung zum DDR-Konsum entstanden. Unterstützung erhielt Dr. Meyer von Dagomar Rojahn, der in Berlin lebte und somit näher an der Quelle saß.

Als die Ausstellung nach der Wiedervereinigung in Wustrow eröffnet wurde, war das Interesse der Besucher und der Medien groß. Menschen aus den neuen Bundesländern erfuhren davon und schickten dem Museum viele weitere Exponate. Noch im Jahr 2017 besuchte ein Magdeburger das Museum, um persönlich einen Beutel mit seinen gehorteten Konsumschätzen abzuliefern, darunter ein Menübesteck vom Alekto VEB. Als besondere Trophäe betrachtet der Museumsleiter eine gerahmte Auszeichnung für »Vorbildliche Verkaufskultur«. Er hatte sie kurz nach der Wende bei einer seiner Sammeltouren durch die Altmark in einem kleinen Ort entdeckt. Wieder und wieder fuhr er am Konsummarkt vorbei, bis er sich endlich traute, danach zu fragen.

Heute sind Dr. Meyers Schätze Bestandteil der Dauerausstellung »Deutsche Warenwelt der vergangenen 150 Jahre«, die sich über drei Räume erstreckt.

Hauptsächlich widmet sich das Museum Wustrow dem Zeitgenössischen der Region. Jedes Jahr wird ein anderes Thema in den Fokus gerückt. 2017 gab es einen Beitrag zur Problematik der Flucht aus Sicht der Betroffenen. Im Folgejahr steht die Eisenbahnzeit des Wendlands im Mittelpunkt. Die Aufarbeitung der NS-Verbrechen ist seit vielen Jahren ein Schwerpunkt.

Adresse Museum Wustrow, Lange Straße 9, 29462 Wustrow, www.museum-wustrow.de | **Anfahrt** von der B 248 südlich von Saaße auf die K 42 Richtung Wustrow abbiegen, noch 4 Kilometer bis zur Bahnhofstraße, dort rechts und nach 900 Metern links in die Lange Straße | **Öffnungszeiten** April–Okt. Mi–So und feiertags 14–17 Uhr und nach Vereinbarung | **Tipp** Die »KURVE Wustrow« ist eine Bildungs- und Begegnungsstätte für gewaltfreie Aktionen (Tel. 05843/98710).

108 Der Taufengel

Im himmlischen Einsatz

In der Sankt-Johannis-Kirche zu Zeetze gibt es ein besonderes Relikt aus der Barockzeit zu entdecken. Es ist ein kleiner Taufengel von menschlicher Gestalt mit einem ernsten Antlitz und dunklen Haaren, der an einem dicken Seil von der wunderschön bemalten Decke herunterhängt. Die Taufschale in seinen Händen schmückt ein Lorbeerkranz.

Aller Wahrscheinlichkeit nach zog der kleine Himmelsbote im 17. Jahrhundert in dieses Gotteshaus ein. Es war die Zeit des Pietismus, als zwischen Ostpreußen und den Niederlanden die himmlischen Taufhelfer in Mode kamen. Sie ersetzten in den ländlichen Gemeinden das Taufbecken, aber nur in denjenigen, in denen sich die Gottesdiener auch zum Pietismus bekannten. Nach etwa 200 Jahren wurden sie allmählich wieder aus den Kirchen verbannt. Das Hannoversche Landeskirchenamt überließ den Pastoren die Entscheidung über die weitere Nutzung. Da die Taufengel in der Bibel nicht erwähnt werden, war ihre Existenz von Beginn an umstritten.

Die Zeetzer Kirche wurde im Jahr 1955 renoviert und bei der Gelegenheit der Innenraum stark verändert. Der bis dahin genutzte Taufengel musste seinen Platz in der Mitte des Altars verlassen und wurde an die Seite gerückt. Nachdem er bereits über fünfzig Jahre im Ruhestand war, besannen sich zwei Familien im Jahr 2010 auf das alte Ritual und ließen ihre Kinder mit seiner Unterstützung taufen. Seitdem ist er wieder regelmäßig im Einsatz und durfte an seinen alten Platz zurückkehren.

Im ganzen Wendland sind nur noch vier Taufengel verblieben. Die drei übrigen hölzernen Kollegen sind in den Kirchen von Meuchefitz, Satemin und Schnackenburg zu finden. Sie unterscheiden sich jedoch stark von dem in Zeetze, da sie alle puttenhaft aussehen. Somit ist dieser Engel mit menschlichem Antlitz der letzte Verbliebene seiner Art in der Region und die Gemeinde somit sehr stolz auf ihn.

Adresse 29487 Luckau-Zeetze | Anfahrt von der B 71 in Bergen an der Dumme in die L 263 Richtung Clenze abbiegen, noch 5 Kilometer, in Clenze Richtung Lüchow, nach 5 Kilometern auf der L 261 nach Mammoißel abbiegen, von dort noch 1 Kilometer bis Zeetze | Öffnungszeiten April–Okt. einmal im Monat Gottesdienst, ansonsten ist die Kirche verschlossen, bitte einen Termin mit Familie Mohr vereinbaren, Tel. 05844/8758 | Tipp In der Zeetzer Mühle werden während der Saison regelmäßig spannende Veranstaltungen wie Konzerte oder Lesungen angeboten.

109_Die Draisinenbahn

Zernien–Karwitz: völlig abgefahren unterwegs

Los geht's in Zernien am ehemaligen Bahnübergang. Mit kräftigem Tritt in die Pedale setzt sich die Draisine eisenbahntypisch ratternd in Bewegung. Schneller werdend gleiten Sie durch Feld, Wald und Flur, queren Brücken und Viadukte, schrecken einige Rehe auf. Schließlich bei Höchstgeschwindigkeit 55 Stundenkilometer kurz vor dem Abheben fliegen die Haare. Nun bitte abbremsen und sanft landen am Karwitzer Bahnhof.

Die erste Eisenbahn-Draisine von 1837 war ein einspuriges, kippeliges Bahndienstfahrzeug. Sie ähnelte der Laufmaschine, Vorgängerin des Fahrrads, die Karl von Drais 20 Jahre zuvor erfunden hatte. Der Antrieb der Fahrzeuge erfolgt mittels Fahrradpedalen oder eines Handhebels, wie in US-amerikanischen Slapsticks und Zeichentrickfilmen zu sehen. In Deutschland gibt es rund 40 Draisinenstrecken auf 450 Schienenkilometern, unterschiedlich lang, mit vielen Fahrzeugtypen.

Die Wendlandtrasse, als erste ihrer Art hier überhaupt, soll elf, bei Ausbau bis Dannenberg 14 Kilometer lang werden. Über 20 Jahre nach der Stilllegung 1996 bekäme ein Teilstück der 42 Kilometer langen Eisenbahnstrecke Uelzen–Dannenberg so eine spannende neue Aufgabe. In der sportlichen Variante würde sie zum umweltgerechten Touristenbeschleuniger. In der Familienversion gälte es, die Langsamkeit zu entdecken: Auf einer Draisine mit vier Sitzplätzen träten die Eltern in die Pedale, man pausiere bei Kaffee und Limonade am Bahndamm mit romantisch-verklärtem Blick über ein Tal im Drawehn.

Bis es so weit ist, müssen die Verhandlungen des Fördervereins Ostheide-Elbe-Bahn mit der Deutschen Bahn zur Übernahme des Streckenteils abgeschlossen werden, die seit zwei Jahren intensiv laufen. Zunächst sind nur Fahrten zu besonderen Gelegenheiten vorgesehen, unter anderem während der Kulturellen Landpartie. Langfristiges Ziel ist es, ein außergewöhnliches Verkehrsmittel im Wendland zu etablieren.

Adresse Start: Bürgerhaus »Alte Schmiede«, Göhrdestraße 24, 29499 Zernien, die Trasse verläuft parallel zur B 191, Draisinenausleihe: Voranmeldung bei Rolf Schulze, Tel. 0178/3800578, www.wendlanddraisine.de (ab Mai 2018) | **Anfahrt** von der B 191 in Zernien in Richtung Norden in die Göhrdestraße abbiegen und dieser 600 Meter bis zum Bahnübergang folgen | **Tipp** Im Karwitzer Bahnhof richtet ein Motorradverein ein Café für Motorrad- und Draisinenfahrer ein. Richtig abheben können Sie vom Flugplatz Rehbeck nördlich von Lüchow zwischen Rehbeck und Weitsche an der K 33 zu günstigen Rundflügen mit Segel- oder Motorflugzeugen (www.lsv-luechow.de).

110__Der höchste Punkt

Schöne Aussichten

Die höchste Erhebung des Landkreises ist der Hohe Mechtin mit 142 Metern. Er liegt im Naturpark Elbhöhen-Wendland, in der Mitte des Höhenzugs Drawehn.

Auf dem Hügel gibt es einen 30 Meter hohen Aussichtsturm, der im Jahr 2015 fertiggestellt wurde. Sein Vorgänger, der acht Meter niedriger war, musste einige Jahre zuvor wegen Baufälligkeit geschlossen werden. Nachdem Sie die 161 Stufen des Holzturmes erklommen haben, erwartet Sie ein herrlicher Rundumblick oberhalb der Baumkronen auf die eiszeitlich entstandene Hügellandschaft. Neben der unendlichen Weite von Norddeutschlands größtem Mischwald sind landschaftlich genutzte Flächen sowie die umliegenden Dörfer zu sehen. Man kann den Fernmeldeturm im etwa fünf Kilometer entfernten Prepow erkennen, welcher bis zur Wiedervereinigung eine der wichtigen Richtfunkstrecken zwischen der Bundesrepublik und Berlin bildete, und auch das Biosphärenreservat der niedersächsischen Elbtalaue. Bei guten Sichtverhältnissen lassen sich auch Orte, die in weiterer Ferne liegen, erspähen. Besonders schön ist die Aussicht, wenn im Herbst die Blätter rot zu leuchten beginnen.

Mehrere Wege führen zum Hohen Mechtin. Der wohl schönste ist der, welcher am Parkplatz in Spranz beginnt. Von dort aus erreichen Sie Ihr Ziel über einen zwei Kilometer langen Wanderpfad durch den Wald. Der Aussichtsturm liegt ziemlich versteckt. Weiße Markierungen an dem Bäumen weisen die Richtung. Es gibt noch eine leichtere Variante von der Ortschaft Gülden aus, die auch für Kinder und Senioren geeignet ist.

Trotz Markierungen sollten Sie sich merken, wie Sie zum Parkplatz zurückkommen, denn sonst könnte es passieren, dass Sie auf das Gelände einer Biogasanlage stoßen. Auf das Navi ist nicht immer Verlass, denn das Handy-Netz kommt einem löchrigen Schweizer Käse gleich. Denn hier gilt, umso weniger besiedelt die Region ist, umso schlechter der Empfang.

Adresse Hoher Mechtin, 29499 Zernien | **Anfahrt** von der B 191 in Zernien in die Güldener Straße abbiegen, 1. Möglichkeit nach links und dem Weg nach Spranz circa 3 Kilometer folgen und auf dem Waldparkplatz parken | **Tipp** Auf dem Weg durch den Wald zum Aussichtsturm gibt es große Findlinge sowie Männchen aus aufgeschichteten Steinen zu entdecken.

111 Die Keramikkunst

Ein Vogel namens Wanda

Wer einmal seinen Kaffee in einer Tasse der Keramikkünstlerin Wanda Sippl serviert bekommt, dem wird ein Lächeln ins Gesicht gezaubert. Denn ihre Becher, Karaffen oder Zuckerdosen sind mit witzigen Tierköpfen verziert. Wer dem langschnäbeligen Vogel einen Moment zu lang in die Augen schaut, um den ist es geschehen. Er kann gar nicht mehr anders, als sich selbst ein Stück der Meisterin des Tons zuzulegen.

Wanda Sippl stammt ursprünglich aus Bayern und lebt seit dem Jahr 1992 in der Region. Ihr Handwerk lernte sie von der Pieke auf und kann sogar einen Meistertitel vorweisen. Nach der Töpferlehre bei dem bekannten Kunstwissenschaftler Dr. Gerhard Pletzer ließ sie sich zur staatlich anerkannten Keramikgestalterin ausbilden. Da im Westerwald die Fachlehrer eher klassisch orientiert waren, was nicht so ganz den Interessen der Studentin entsprach, suchte sie nach einer Möglichkeit, ihre Ausbildung vergnüglicher zu gestalten, ohne dabei eine schlechte Note zu riskieren. Vom Schalk im Nacken getrieben, kam ihr die Idee, braven Töpfen etwas Leben einzuhauchen. Schon damals hatte sie eine Schwäche für den Vogelkopf, der mittlerweile zu ihrem Markenzeichen geworden ist.

Bis heute ist die Künstlerin ihrem ausgefallenen Stil treu geblieben. Es gibt Küss-die-Nase-Tassen, Zuckerpuppen, Hochzeitsschüsseln und Lausköpfe, Kaffeetrampel, Gartennudisten und natürlich Mokkatassen. Ihr Wunsch, große Gesamtkunstwerke zu zaubern, erfüllte sich jedoch nicht.

Zur Kulturellen Landpartie ist Wanda Sippl in Schnega 21 anzutreffen. Sie möchte ihre Tonarbeiten nicht einfach nur zum Verkauf anbieten, sondern mit ihren Besuchern etwas gemeinsam erleben. Während ihre Gäste ein Tassenunikat auswählen, zeigt sie ihnen, wie italienischer Mokka zubereitet wird. Spätestens nach dieser persönlichen Begegnung mit der Künstlerin möchte man ihren Gute-Laune-Becher nicht mehr missen.

Adresse Vitrine mit Keramiken der Künstlerin im Laden der Vollkornbäckerei Rasche, Göhrdestraße 3, 29499 Zernien, Tel. 05863/987844, bei speziellen Wünschen: Tel. von Wanda Sippl 05872/986107 | **Anfahrt** von der B 191 in Zernien in Richtung Norden in die Göhrdestraße abbiegen, noch 300 Meter bis zum Laden | **Öffnungszeiten** Mo – Mi 7 – 17.30 Uhr, Do und Fr 7 – 18 Uhr, Sa 7 – 12 Uhr | **Tipp** In der Bäckerei Rasche gibt es ein kleines, gemütliches Café.

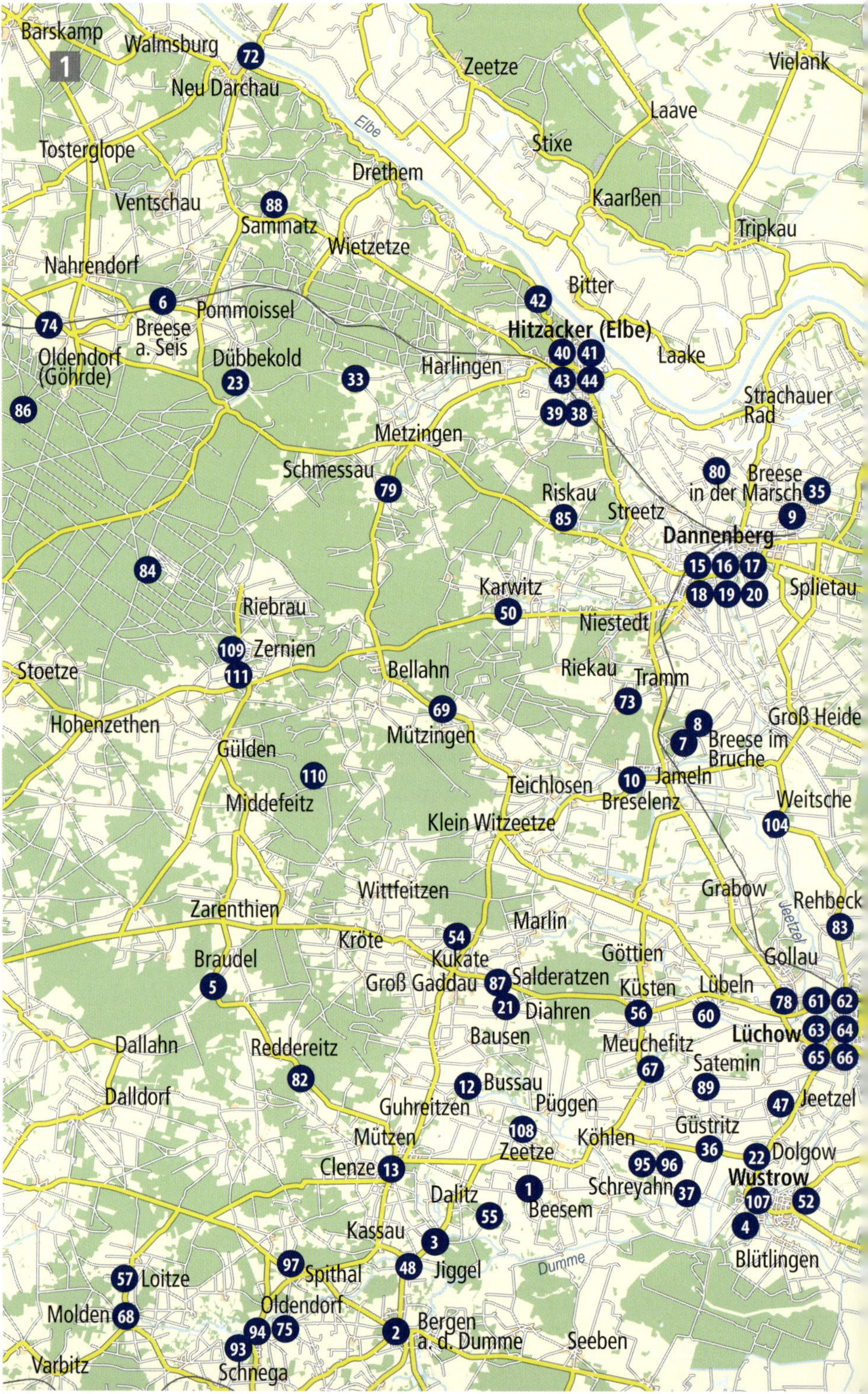
1
Barskamp
Walmsburg
Neu Darchau
Zeetze
Vielank
Elbe
Laave
Tosterglope
Stixe
Drethem
Ventschau
Sammatz
Kaarßen
Tripkau
Wietzetze
Nahrendorf
Bitter
Pommoissel
Breese a. Seis
Hitzacker (Elbe)
Oldendorf (Göhrde)
Laake
Dübbekold
Harlingen
Strachauer Rad
Metzingen
Schmessau
Breese in der Marsch
Riskau
Streetz
Dannenberg
Splietau
Karwitz
Riebrau
Niestedt
Zernien
Stoetze
Bellahn
Riekau
Tramm
Hohenzethen
Mützingen
Groß Heide
Breese im Bruche
Gülden
Jameln
Teichlosen
Breselenz
Middefeitz
Weitsche
Klein Witzeetze
Wittfeitzen
Grabow
Rehbeck
Jeetzel
Zarenthien
Marlin
Kröte
Göttien
Kukate
Gollau
Braudel
Groß Gaddau
Salderatzen
Küsten
Lübeln
Diahren
Lüchow
Bausen
Meuchefitz
Dallahn
Reddereitz
Satemin
Bussau
Dalldorf
Püggen
Jeetzel
Guhreitzen
Güstritz
Mützen
Köhlen
Zeetze
Dolgow
Clenze
Schreyahn
Wustrow
Dalitz
Beesem
Kassau
Blütlingen
Dumme
Jiggel
Loitze
Spithal
Oldendorf
Molden
Bergen a. d. Dumme
Seeben
Varbitz
Schnega

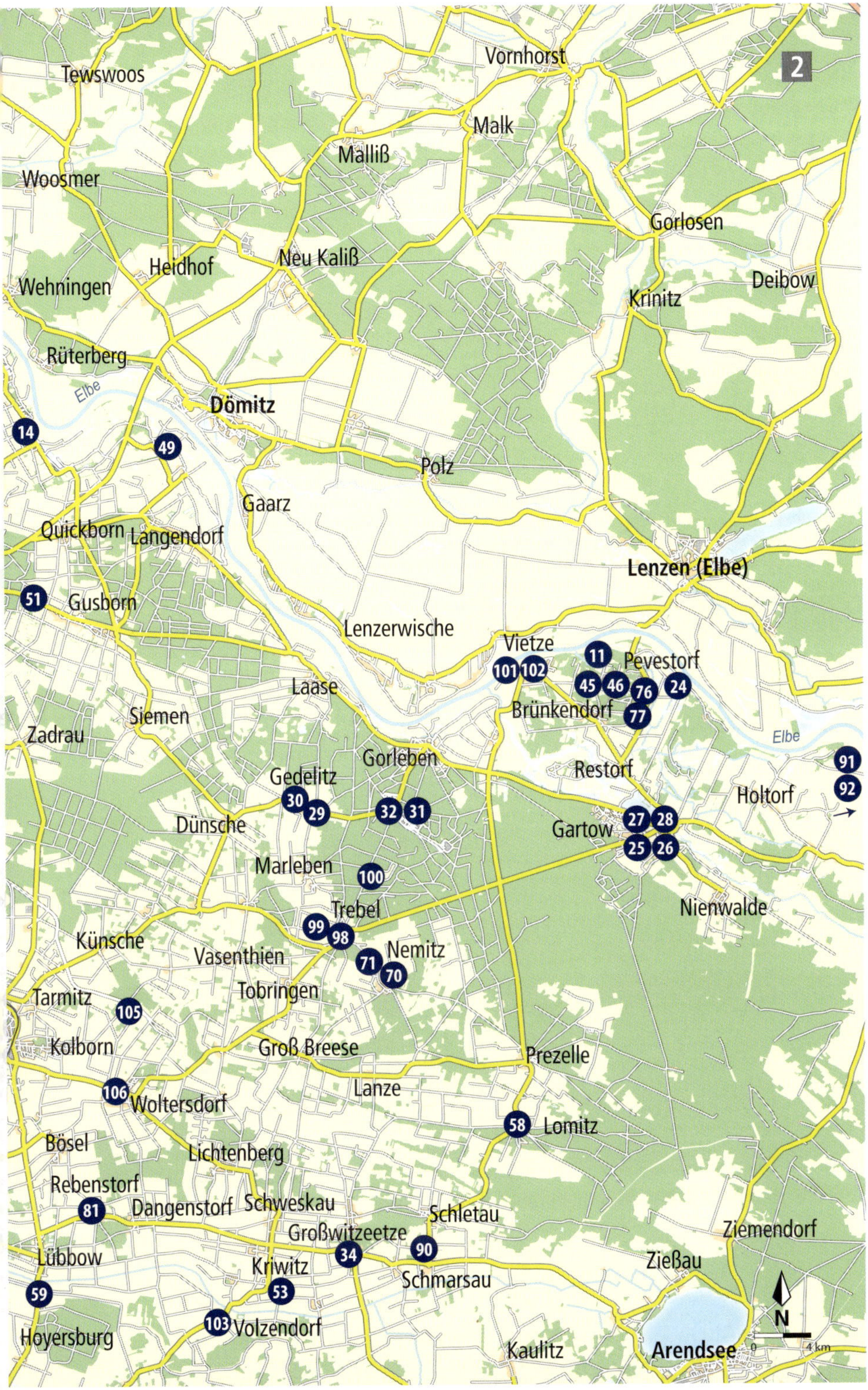
2
Tewswoos
Vornhorst
Malk
Malliß
Woosmer
Gorlosen
Heidhof
Neu Kaliß
Wehningen
Deibow
Krinitz
Rüterberg
Elbe
Dömitz
14
49
Polz
Gaarz
Quickborn
Langendorf
Lenzen (Elbe)
51
Gusborn
Lenzerwische
Vietze
11
Pevestorf
101
102
45
46
76
24
Laase
Brünkendorf
77
Siemen
Zadrau
Elbe
91
Gorleben
Restorf
92
Gedelitz
Holtorf
30
29
32
31
27
28
Dünsche
Gartow
25
26
Marleben
100
Nienwalde
Trebel
99
98
Künsche
Nemitz
Vasenthien
71
70
Tarmitz
Tobringen
105
Kolborn
Groß Breese
Prezelle
106
Lanze
Woltersdorf
58
Lomitz
Bösel
Lichtenberg
Rebenstorf
81
Dangenstorf
Schweskau
Schletau
Großwitzeetze
Ziemendorf
34
90
Lübbow
Kriwitz
Zießau
Schmarsau
59
53
N
103
Volzendorf
Hoyersburg
Kaulitz
Arendsee
0
4 km

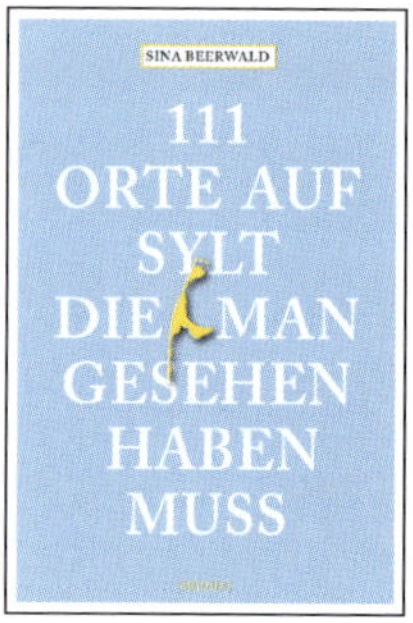

Sina Beerwald
111 Orte auf Sylt, die man gesehen haben muss
ISBN 978-3-95451-511-0

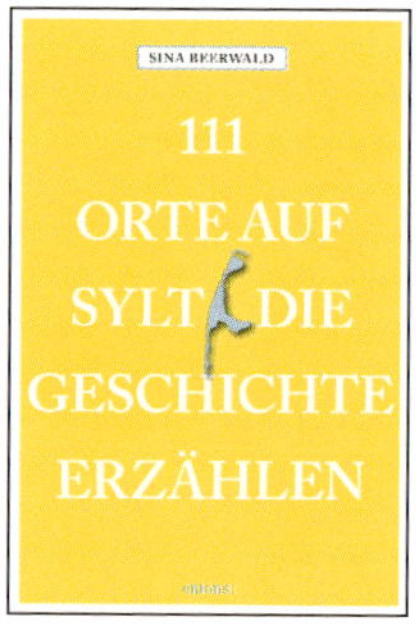

Sina Beerwald
111 Orte auf Sylt, die Geschichte erzählen
ISBN 978-3-7408-0120-5

Jana Jürß
111 Orte an der Mecklenburgischen Seenplatte, die man gesehen haben muss
ISBN 978-3-95451-536-3

Jochen Reiss
111 Orte in Kiel, die man gesehen haben muss
ISBN 978-3-95451-705-3

Alexandra Schlennstedt, Jobst Schlennstedt
111 Orte in Lübeck, die man gesehen haben muss
ISBN 978-3-95451-564-6

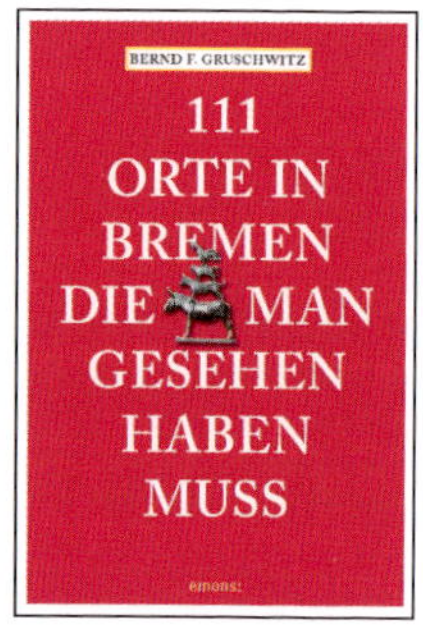

Bernd F. Gruschwitz
111 Orte in Bremen, die man gesehen haben muss
ISBN 978-3-95451-210-2

Cornelia Kuhnert, Günter Krüger
111 Orte in Hannover, die man gesehen haben muss
ISBN 978-3-95451-086-3

Maren Kaschner, Anselm Neft
111 Orte auf Rügen, die man gesehen haben muss
ISBN 978-3-95451-837-1

Cornelia Kuhnert, Günter Krüger
111 Orte rund um Hannover, die man gesehen haben muss
ISBN 978-3-95451-707-7

Vito von Eichborn
111 Orte zwischen Lübeck und Kiel, die man gesehen haben muss
ISBN 978-3-95451-339-0

Jochen Reiss
111 Orte in Kiel, die man gesehen haben muss
ISBN 978-3-95451-705-3

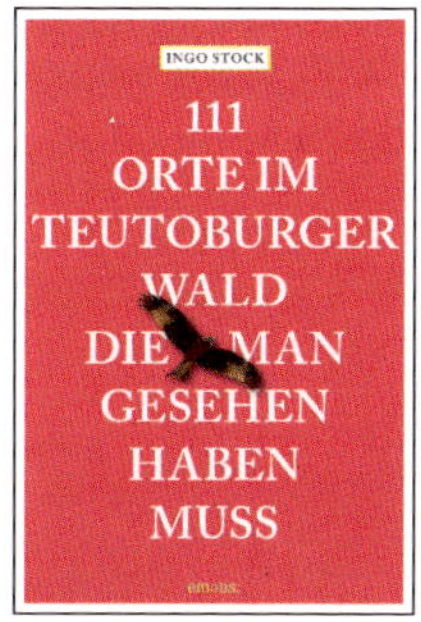

Ingo Stock
111 Orte im Teutoburger Wald, die man gesehen haben muss
ISBN 978-3-95451-859-3

Kirsten Elsner-Schichor
111 Orte im Harz, die man gesehen haben muss
ISBN 978-3-7408-0121-2

Jochen Reiss
111 Orte in Nordfriesland, die man gesehen haben muss
ISBN 978-3-95451-627-8

Alexandra Schlennstedt,
Jobst Schlennstedt
111 Orte an der Ostseeküste, die man gesehen haben muss
ISBN 978-3-89705-824-8

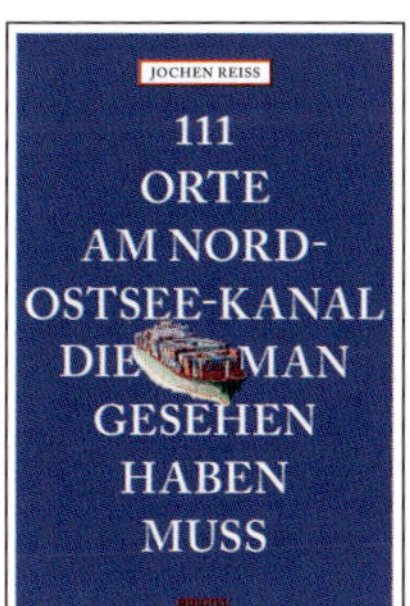

Jochen Reiss
111 Orte am Nord-Ostsee-Kanal, die man gesehen haben muss
ISBN 978-3-7408-0133-5

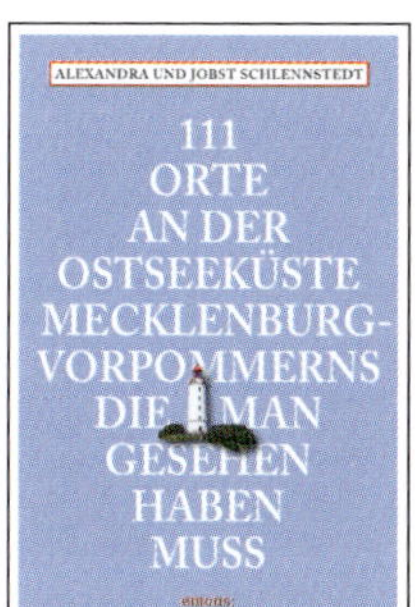

Alexandra Schlennstedt,
Jobst Schlennstedt
111 Orte an der Ostseeküste Mecklenburg-Vorpommerns, die man gesehen haben muss
ISBN 978-3-95451-332-1

Norbert Ney, Sonja Bergot
111 Orte in Ostfriesland, die man gesehen haben muss
ISBN 978-3-95451-828-9

Dietlind Castor
111 Orte am Bodensee, die man gesehen haben muss
ISBN 978-3-95451-063-4

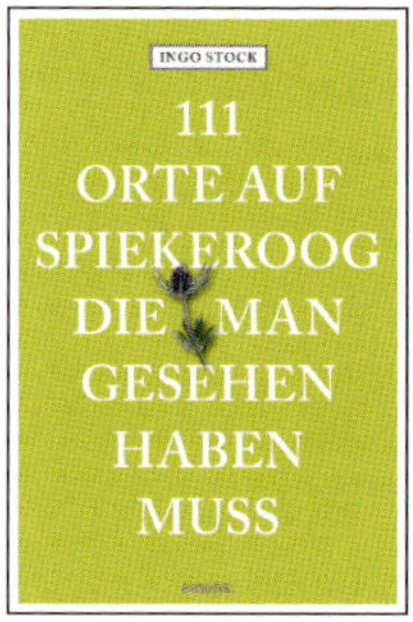

Ingo Stock
111 Orte auf Spiekeroog, die man gesehen haben muss
ISBN 978-3-7408-0339-1

Axel Klingenberg, Thomas Hackenberg
111 Orte im Braunschweiger Land, die man gesehen haben muss
ISBN 978-3-95451-671-1

Manfred Reuter, Lena Reuter
111 Orte auf Norderney, die man gesehen haben muss
ISBN 978-3-7408-0130-4

Jacek Auerbach
111 Orte in Oldenburg, die man gesehen haben muss
ISBN 978-3-7408-0249-3

Jochen Reiss
111 Orte in und um Göttingen, die man gesehen haben muss
ISBN 978-3-7408-0240-0

Alexandra Schlennstedt, Jobst Schlennstedt
111 Orte in der Lüneburger Heide, die man gesehen haben muss
ISBN 978-3-95451-844-9

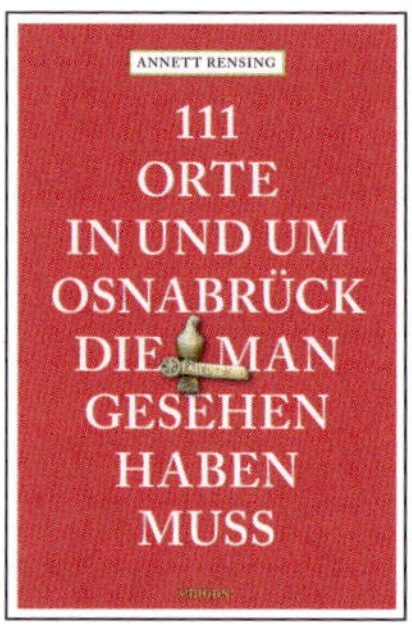

Annett Rensing
111 Orte in Osnabrück, die man gesehen haben muss
ISBN 978-3-7408-0239-4

Jan Gralle, Vibe Skytte, Kurt Rodahl Hoppe
111 Orte in Kopenhagen, die man gesehen haben muss
ISBN 978-3-7408-0243-1

Bernd Imgrund,
Britta Schmitz
111 Kölner Orte, die man gesehen haben muss
Band 1
ISBN 978-3-89705-618-3

Bernd Imgrund,
Britta Schmitz
111 Kölner Orte, die man gesehen haben muss
Band 2
ISBN 978-3-89705-695-4

Bernd Imgrund,
Nina Osmers
111 Orte im Kölner Umland, die man gesehen haben muss
ISBN 978-3-89705-777-7

Peter Eickhoff
111 Düsseldorfer Orte, die man gesehen haben muss
ISBN 978-3-89705-699-2

Ralf Koss, Stefanie Kuhne
111 Orte im Bergischen Land, die man gesehen haben muss
ISBN 978-3-95451-027-6

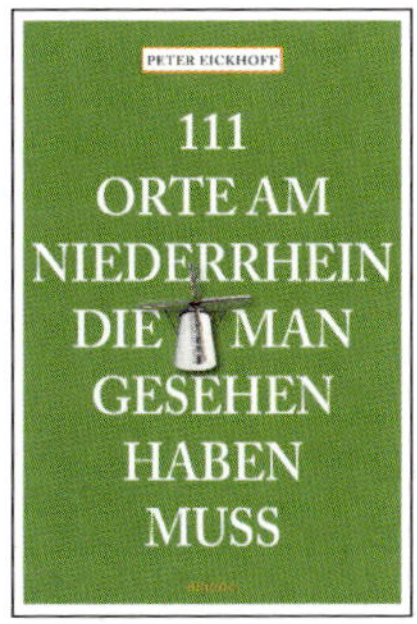

Peter Eickhoff
111 Orte am Niederrhein, die man gesehen haben muss
ISBN 978-3-89705-815-6

Lust auf mehr? Laden Sie sich die »LChoice«-App runter, scannen Sie den QR-Code und bestellen Sie weitere Bücher direkt in Ihrer Buchhandlung.

LChoice

Hier bestellen

Das Wendland

»Wendland« ist eine inzwischen geläufige Bezeichnung für den Landkreis Lüchow-Dannenberg, der in mehreren Schritten aus den Kreisen Dannenberg und Lüchow gebildet wurde. Frühere Verwendungen des Namens Wendland bezogen sich auf die vormals ansässigen polabisch-sprachigen Wenden (siehe Kapitel 60) oder auf Teilgebiete wie den Altkreis Lüchow im südlichen Wendland. So hat sich dieser Name für die Region etwa im Laufe der letzten drei Jahrhunderte herausgebildet, und zwar durchaus nicht immer einvernehmlich. Wegen der Zugehörigkeit zum Kurfürstentum und später zur Provinz Hannover, die nach dem Zweiten Weltkrieg im Bundesland Niedersachsen aufging, spricht man auch vom Hannoverschen Wendland. Eine veränderte Bedeutung erhielt die Gebietsbezeichnung ab den 1970er Jahren im Kontext der Gorleben-Proteste und durch das Hüttendorf »Republik Freies Wendland«.

Benutzungshinweise und Tipps

Da die Orte mitunter sehr klein sind, werden als Orientierungshilfe zusätzlich zur Adresse die Gemeinden sowie Samtgemeinden (SG) angegeben. Wenn Sie ein Navi verwenden, geben Sie bitte immer den Ortsnamen Ihres Zieles ein. Bei sehr kleinen Dörfern ist in der Postanschrift der Name der Gemeinde enthalten. Bei Diahren beispielsweise lautet die Adresse: Diahren, 29496 Waddeweitz. Das hat bei manch einem nicht Ortskundigen bereits zu Verwirrung geführt und ihn in Waddeweitz nach der Straße Diahren suchen lassen.

Es empfiehlt sich, bereits vor Reiseantritt einen Blick auf die Karte oder ins Internet zu werfen, denn der Handy-Empfang ist im Wendland nicht allerorts gewährleistet.

Gelegentlich kann es bei den in diesem Buch vorgestellten Orten zu Abweichungen der Öffnungszeiten kommen. Um nicht vor verschlossenen Türen zu stehen, ist es am sichersten, wenn Sie vorher ins Internet schauen und sich telefonisch anmelden.

Seit einigen Jahren liegt Hitzacker und nun auch Dannenberg innerhalb des Gesamtbereichs des Hamburger Verkehrsverbundes HVV (www.hvv.de). Somit können Sie mit dem HVV günstig mit Bahn und Bus ins Wendland reisen.

Termine für Veranstaltungen finden Sie in den kostenlos angebotenen Magazinen »Zero« und »Unterwegs im Wendand«, die bei den Touristeninformationen in Dannenberg, Gartow, Lüchow und Hitzacker sowie in vielen Geschäften ausliegen.

Jedes Jahr von Himmelfahrt bis Pfingsten findet im Wendland die »Kulturelle Landpartie« (kurz: KLP) statt. Eine einmalige Veranstaltung mit über 100 »Wunderpunkten« in den Städten und Dörfern, laut Per Stüven vom Dorfpunkt in Diahren »ein Schmelztiegel an Kreativität und Fantasie, Buntheit und Vielfalt, Leben und Freude« (www.kulturelle-landpartie.de).

Weitere Informationen zu den hier vorgestellten 111 Orten finden Sie auf unserer Facebook-Seite: 111-Orte-im-Wendland.

Danksagung

Wir danken Dr. Rolf Meyer, Burghard Kulow, Johanna Voß, Dr. Barbara Tietze, Dr. Manfred Fortmann, Christel Bremer, Susanne Kamien, Birgit Huneke, Christina Naumann, Thorsten Oppermann, Susanne Götting-Nilius, unserer Lektorin Saskia Römer sowie allen hier nicht Genannten für ihre unendliche Unterstützung.

Die Autoren

Christine Izeki, Autorin der »111 Orte in Tokio, die man gesehen haben muss«, kehrte nach 17 Jahren Japan in ihr Heimatland zurück. Das Schicksal führte sie ins Wendland, eine Region, die einen starken Kontrast zur Millionenmetropole am anderen Ende der Welt bildet. Dennoch verliebte sich die Großstädterin auf Anhieb in dieses Fleckchen Erde und die Menschen, die dort leben.

Gerald Roemer studierte Bauingenieurwesen in Hamburg und sattelte später auf Stadtplanung um. Beruflich hatte er öfter im Wendland zu tun. Es gefiel ihm dort so gut, dass es ihn auch privat immer wieder in die Region zog. Zu Fuß oder per Fahrrad erkundete er das Gebiet nach und nach. Er engagiert sich für verschiedene nationale und internationale Stadtplanungsprojekte und ist seit Langem für die Öffentlichkeitsarbeit zuständig.